IGLESIA DEL NAZARENO
MESOAMÉRICA

MINISTERIO DE ESGRIMA BÍBLICO INFANTIL

Génesis

"EN EL PRINCIPIO CREÓ DIOS
LOS CIELOS Y LA TIERRA"
GÉNESIS 1:1

ESTUDIO BÍBLICO PARA NIÑOS
DE 7 A 11 AÑOS
RVR 1960

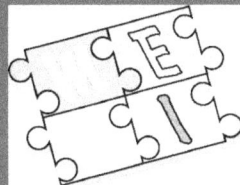

MINISTERIO DE ESGRIMA
BÍBLICO INFANTIL

Ministerio De Esgrima Bíblico Infantil: Guía Del Coach - Génesis

Publicado por: Ministerios de Discipulado de la Región Mesoamérica

www.discipulado.MesoamericaRegion.org

www.MieddRecursos.MesoamericaRegion.org

Copyright © 2019 - Todos los derechos reservados

ISBN: 978-1-63580-165-1

Todos los versículos de las Escrituras que se citan son de la Reina Valera 1960 a menos que se indique lo contrario.

Las personas que participaron en la elaboración original de MEBI:

Carolina Ambrosio

Eva Velázquez

Patricia Picavea

Patricia Zamora

Adaptado por: Pamela Vargas Castillo, con amor para los niños de la Iglesia del Nazareno

Impreso en los Estados Unidos

Bienvenido al maravilloso ministerio de esgrima bíblico infantil

En este libro usted encontrará:

1. Lecciones de Estudios Bíblicos y preguntas (p. 4)

2. Guía para trabajar el esgrima infantil con la modalidad de juegos y actividades (MEBI) (p. 48).

3. Guía para trabajar el esgrima infantil con la modalidad de preguntas y respuestas. (p. 112)

NOTA: Es importante que se trabaje una sola modalidad como el distrito.

ÍNDICE

¡Bienvenido!

¡Bienvenido a los **Estudios Bíblicos para Niños: Génesis!** En esta colección de estudios bíblicos, los niños aprenden acerca de la santidad de Dios y su fidelidad hacia su pueblo, aun cuando éste hace malas decisiones.

Estudios Bíblicos para Niños: Génesis es uno de seis libros de la serie Estudios Bíblicos para Niños. Estas lecciones ayudan a los niños a comprender la cronología bíblica y el significado de los eventos bíblicos. A medida que los niños aprenden acerca de la vida de los personajes en estos estudios, descubren el amor de Dios por toda la gente y el lugar que ellos ocupan en el plan divino. Dios a veces usa milagros para cumplir su propósito. A menudo Él trabaja por medio de personas para realizar lo que desea hacer.

La filosofía de los Estudios Bíblicos para Niños es ayudarles a entender lo que dice la Biblia, aprender cómo Dios ayudaba a la gente, y crecer en su relación con Dios. Esto incluye estudio de la Biblia, memorización de versículos y aplicación de las enseñanzas bíblicas a situaciones de la vida real.

LIBROS

La siguiente es una breve descripción de los libros de esta serie y la forma en que interaccionan entre sí.

Génesis proporciona el fundamento. Este libro relata cómo Dios de la nada creó el mundo, formó a un hombre y una mujer, y creó un hermoso huerto como su hogar. Estas personas pecaron y experimentaron las consecuencias por su pecado. Génesis presenta el plan divino para reconciliar la relación rota entre Dios y la gente. Presenta a Adán, Eva, Noé, Abraham, Isaac y Jacob. Dios hizo un pacto con Abraham y renovó ese pacto con Isaac y Jacob. Génesis concluye con la historia de José, quien salva a la civilización de la hambruna. Esa hambruna compele al pueblo de Dios a trasladarse a Egipto.

Éxodo narra cómo Dios continuó manteniendo su promesa a Abraham. Dios rescató a los israelitas de la esclavitud en Egipto. Jehová escogió a Moisés para que guiara a los israelitas. Dios estableció su reinado sobre los israelitas. Él los guio y gobernó mediante el establecimiento del sacerdocio y el tabernáculo, los Diez Mandamientos y otras leyes, los profetas y los jueces. Al final de Éxodo, sólo una parte del pacto de Jehová con Abraham se había cumplido.

Josué, Jueces y Rut relatan cómo Dios cumplió su pacto con Abraham, que empezó en Génesis. Los israelitas conquistaron la tierra que Dios prometió a Abraham y se establecieron en ella. Los profetas, los sacerdotes, la ley y los rituales de adoración declaraban que Dios era el Señor y el Rey de los israelitas. Las 12 tribus de Israel se establecieron en la tierra prometida. Este estudio resalta a los siguientes jueces: Débora, Gedeón y Sansón.

En **1 y 2 Samuel**, los israelitas quisieron un rey porque las otras naciones tenían rey. Estos libros relatan acerca de Samuel, Saúl y David. Jerusalén llegó a ser el centro de la nación unida de Israel. Este estudio muestra cómo la gente reacciona en diferentes maneras cuando alguien la confronta con sus pecados. Mientras que Saúl culpaba a otros o daba excusas, David admitió su pecado y pidió perdón a Dios.

Mateo es el punto central de toda la serie. Se enfoca en el nacimiento, la vida y el ministerio de Jesús. Todos los libros previos de la serie apuntaban a Jesús como el Hijo de Dios y el Mesías. Jesús marcó el inicio de una nueva era. Los niños aprenden acerca de esta nueva era en varios eventos: las enseñanzas de Jesús, su muerte, su resurrección, y la instrucción a sus discípulos. Por medio de Jesús, Dios proveyó una nueva manera para que la gente tuviera una relación con Él.

En el principio de **Hechos**, Jesús ascendió al cielo, y Dios envió al Espíritu Santo para que ayudara a la iglesia. Las buenas nuevas de salvación por medio de Jesucristo se difundieron a muchas partes del mundo. Los creyentes predicaron el evangelio a los gentiles, y empezó la obra misionera. El mensaje del amor de Dios transformaba tanto a judíos como a gentiles. Hay una conexión directa entre los esfuerzos evangelísticos de los apóstoles Pablo y Pedro con la vida de la gente hoy en día.

CICLO

El siguiente ciclo para usar esta serie es específicamente para los que participan en el aspecto opcional del Esgrima de los Estudios Bíblicos para Niños. Encontrará más información al respecto en la sección titulada "Esgrima Bíblico Infantil" (página 149).

- Génesis (2019-2020)
- Éxodo (2020-2021)
- Josué, Jueces y Rut (2021-2022)
- 1 y 2 Samuel (2022-2023)
- Mateo (2023-2024)
- Hechos (2024-2025)

PREPARACIÓN DEL MAESTRO

Una buena preparación de cada estudio es importante. Los niños están más atentos y entienden mejor el estudio si usted lo prepara bien y lo presenta bien. Los siguientes pasos le ayudarán a prepararse.

Paso 1: Pasaje Bíblico y Comentario Bíblico. Lea los versículos del pasaje bíblico para la lección y la información del Comentario Bíblico, además de las Palabras Relacionadas con Nuestra Fe, Personajes, Lugares y Objetos que se incluyan.

Paso 2: Actividad. Esta sección incluye un juego u otra actividad a fin de preparar a los niños para la lección bíblica. Familiarícese con la actividad, las instrucciones y los materiales. Lleve a la clase los materiales que necesite. Antes que lleguen los niños, prepare la actividad.

Paso 3: Lección Bíblica. Repase la lección y apréndala de manera que pueda relatarla como una historia. Los niños quieren que el maestro narre la historia en vez de que la lea del libro. Use las Palabras Relacionadas con Nuestra Fe de cada lección para proveer información adicional al relatar la historia. Después de ésta, use las preguntas de repaso. Éstas ayudarán a los niños a comprender la historia y aplicarla a sus vidas.

Paso 4: Versículo para Memorizar. Aprenda el versículo para memorizar (p. 111) antes de enseñarlo a los niños. En página 110, hay actividades sugeridas para la memorización. Escoja de esas actividades

HORARIO

Cada libro de la serie tiene 20 lecciones. Designe de una a dos horas como tiempo de clase. El siguiente horario es una sugerencia para cada estudio:

- 15 minutos para la Actividad
- 30 minutos para la Lección Bíblica
- 15 minutos para el Versículo para Memorizar
- 30 minutos para Actividades Adicionales (opcional)
- 30 minutos para Practicar para el Esgrima (opcional)

para ayudar a los niños a aprender el versículo. Familiarícese con la actividad que elija. Lea las instrucciones y prepare los materiales que llevará a la clase.

Paso 5: Actividades Sugeridas. Estas actividades reforzarán el estudio bíblico de los niños usando juegos y actividades activas (incluidos en este libro). Muchas de ellas requieren materiales, recursos y tiempo adicionales. Familiarícese con las actividades que elija. Lea las instrucciones y prepare los materiales que llevará a la clase.

Paso 7: Revisa las preguntas sobre el estudio

Paso 8 (Opcional): Práctica para la competencia del Esgrima Bíblico de modalidad de preguntas y respuestas. Este es un tipo de competencia de los Estudios Bíblicos para Niños y encontrará más información en la sección titulada "Guía Para La Modalidad De Esgrima Bíblico Con Preguntas Y Respuestas" (página 113). Si deciden participar en este tipo de esgrima, pase tiempo con los niños en su preparación. Hay preguntas de práctica para cada estudio. Las 10 preguntas para el nivel básico de competencia están después cada lección. Las 10 preguntas para el nivel avanzado de competencia están en el fin del libro (p 120). Con la guía de su maestro, los niños eligen su nivel para la competencia.

Lección 1

Génesis 1:1-31; 2:2-3, 7
En el Principio

Comentario Bíblico

La creación muestra el poder de Dios. Dios declaró las palabras, y el planeta sin vida respondió. La creación de Dios produjo vida del vacío y orden del caos. Dios dio la orden a la creación y ésta respondió. Este es el primer mandamiento de Dios.

Dios invitó a la creación a ser para deleite y regocijo, y "fue así". Asimismo, la creación de inmediato respondió con gratitud y deleite.

Génesis 1:26-27 se refiere a la participación de Dios el Padre, el Hijo y el Espíritu Santo en la creación.

Dios nada creó al azar. Todo tiene un propósito. La gente es más feliz cuando sirve con un propósito noble o cuando trabaja para algo mayor que ellos mismos. En Génesis 2 y 3, aprendemos que Dios confió en el hombre y la mujer para que cuidasen su huerto especial. Era una tarea importante. No era una carga pesada para Adán y Eva. Estaban contentos con su trabajo.

Desde el principio Dios actuó para el bien de la creación. Al hombre le dio un hermoso hogar y buena alimentación. Al huerto le proveyó alguien que lo cuidara. Advirtió a Adán en cuanto al peligro. Le dio una ayuda a Adán.

Dios también estableció un ejemplo para la gente al descansar en el séptimo día. Esto no implica que Dios estuviese cansado. La creación estaba completa y Dios estaba contento con lo que había creado. Él también se alegra cuando la creación dirige su atención hacia el Creador. Cuando los cristianos observan el día de reposo, eso indica su fe y confianza en Dios. Descansar nos hace recordar, a los seres creados, que debemos sujetar nuestra voluntad a Dios, el Creador.

Palabra Relacionada Con Nuestra Fe

- **hombre** – Humanidad que Dios creó como varón y mujer. Juntos los llamó hombre o humanidad. Ambos fueron creados a la imagen de Dios.

Actividad

Antes que lleguen los niños, elija un lugar afuera para esta actividad. Luego guiará a los niños en una caminata hasta ese lugar para observar la naturaleza. Busque un espacio donde los niños puedan sentar- se y dialogar acerca de lo que ven.

Durante la clase, diga: **Hoy haremos una caminata para observar la naturaleza. Mientras caminamos, miren todo lo que haya alrededor de ustedes. Piensen en lo que ven: el cielo, el césped, las flores, las aves, los animales y la gente.**

Guíe a los niños al lugar que escogió. Anímelos a compartir con la clase las cosas que vieron mientras caminaban.

Diga: **La Biblia es un libro que relata la historia de Dios. El libro de Génesis nos dice que Dios creó el mundo. Dios creó el suelo donde estamos sentados. Él creó el cielo sobre nosotros. Dios creó las plantas, los árboles y las flores. Dios creó a los animales. Él también creó a la gente.**

Ore con los niños. Dé gracias a Dios por todo lo que creó. En su oración, mencione el nombre de cada uno de los niños y dé gracias a Dios por él o ella.

Regresen al salón de clases.

Lección Bíblica

Prepare una historia bíblica basada en el pasaje bíblico de la lección. Los niños entenderán mejor la lección si les relata la historia en vez de leérselas.

Después de la lección, anime a los niños a dialogar sobre la historia haciéndoles las siguientes preguntas. Esto les ayudará para que la apliquen a sus vidas. Es posible que no haya una respuesta correcta o errada.

1. ¿Qué le dirían a Dios si hubiesen podido observar mientras Él creaba todo en la tierra?

2. ¿Cuál fue la diferencia cuando Dios creó a las personas de cuando Él hizo el resto de la creación? ¿Qué les hace sentir en cuanto a Dios esa diferencia?

3. Dios estableció el ejemplo para nosotros en el séptimo día. Él reposó. ¿Les gusta a ustedes reposar? ¿Creen que es importante? ¿Por qué sí o por qué no?

4. ¿Cuál es la idea más importante en el versículo para memorizar, Génesis 1:1?

Diga: **Cierren los ojos y piensen en su animal favorito, su color favorito, su fruta favorita, su mejor amigo o amiga y un familiar. Dios creó los colores, las plantas, los animales y a la gente.**

Dios es poderoso y creativo. La Biblia dice que Dios cuida de todo lo que hizo. Dios hizo a la gente. Dios creó a la gente para que tuviese relación con Él. Ustedes pueden alabar a Dios porque es el Creador de todo el universo, y Él cuida de ustedes.

Versículo Para Memorizar

Enseñe un versículo para memorizar (p. 111). Encontrará sugerencias de Actividades para Enseñar el Versículo para Memorizar en página 110.

Actividades Adicionales

Elija una de las siguientes opciones para reforzar el estudio.

1. Planeen un proyecto de arte acerca de la creación, incluyendo modelos de papel maché, figuras de arcilla, dioramas, cuadros pintados, pósters, murales o dibujos con tiza. Provea a los niños una variedad de materiales para manualidades. Anímelos a ser creativos.

2. Pregunte a los niños cómo creó Dios el mundo. Después, dialogue con ellos acerca de por qué debemos entender que Aquel que lo hizo todo es más importante que saber cómo fue hecho.

3. Realice los juegos en este libro que tengan relación con esta lección.

PREGUNTAS

1. *¿Quién creó los cielos y la tierra?*
   1. El hombre
   2. **Dios**
   3. Nadie

2. *¿Qué creó Dios el primer día? (1:3, 5)*
   1. Vida en las aguas
   2. Plantas y árboles
   3. **Luz**

3, *¿Qué hizo Dios el segundo día? (1:7-8)*
   1. Creó las estrellas
   2. **Separó las aguas**
   3. Creó al hombre

4, *¿Qué dijo Dios que produjera la tierra en el tercer día? (1:11, 13)*
   1. Animales de la tierra y ganado
   2. **Árboles y plantas**
   3. Ambas respuestas son correctas

5. *¿Por qué creó Dios la lumbrera mayor y la lumbrera menor? (1:14-18)*
   1. Para separar el día de la noche
   2. Para marcar las estaciones
   3. **Ambas respuestas son correctas.**

6. *¿Cuándo creó Dios las aves? (1:20, 23)*
   1. El tercer día
   2. El cuarto día
   3. **El quinto día**

7. *¿Cómo creó Dios al hombre? (1:26-27)*
   1. Con agua del océano
   2. Con las nubes del cielo
   3. **A la imagen de Dios**

8. *¿Qué dio Dios al hombre y a la mujer para que comiesen? (1:29)*
   1. Carne
   2. **Plantas y frutos que dan semilla**
   3. Ambas respuestas son correctas.

9. *¿Qué hizo Dios el séptimo día? (2:2-3)*
   1. Dios bendijo el día y lo santificó.
   2. Dios reposó.
   3. **Ambas respuestas son correctas**

10. *De qué formó Dios al hombre? (2:7)*
    1. **Del polvo de la tierra**
    2. Del aire
    3. Ambas respuestas son correctas.

LECCIÓN 2

Génesis 2:15-25; 3:1-24
El Problema del Pecado

Comentario Bíblico

Adán y Eva eran parte de la creación de Dios y vivían en una relación cercana con Dios. Ellos usaron la facultad que Dios les dio para hacer decisiones. Sin embargo, Adán y Eva hicieron una mala decisión y sufrieron las consecuencias. Ya no se les permitió vivir en medio de la abundancia del huerto.

Cuando elegimos nuestra voluntad en vez de la de Dios, experimentamos culpa y nuestro egoísmo queda al descubierto. A menudo intentamos ocultarnos de Dios, pero eso no mejora nuestra situación lamentable. Sólo Dios puede traer reconciliación. Él hace posible eso por medio de su gracia preveniente.

La gracia preveniente es cuando Dios actúa en nuestro favor o procura alcanzarnos aun antes de que pensemos en Él o le pidamos algo. Gracia significa "regalo de Dios". La gracia preveniente hace posible que deseemos buscar a Dios.

La gente tiene la libertad para escoger entre el bien y el mal. Puesto que el pecado es una parte tan grande de nuestro mundo, con mucha frecuencia nuestras decisiones son erróneas. Esta no es la clase de mundo que Dios tenía en mente. Él está trabajando a través de las personas para corregir lo que está mal. La gracia preveniente de Dios nos anima a acercarnos a Él.

Palabra Relacionada Con Nuestra Fe

- **pecar** – Desobedecer a Dios. Pecamos cuando ponemos nuestra voluntad antes que la voluntad de Dios. El pecado puede referirse a la naturaleza o a un acto de una persona. Pecamos cuando hacemos algo que Dios ordenó que no hiciéramos. También pecamos cuando no hacemos algo que Dios dijo que hiciéramos.

Actividad

Para esta actividad necesitará lo siguiente:
- Pedazos pequeños de papel
- Un papel grande y marcador. Si puede conseguir pizarra, entonces necesitará tiza o marcador.
- Tarjetas con preguntas (más adelante están las instrucciones)
- Cinta adhesiva para pegar las tarjetas a la pizarra

Antes de la clase, dibuje en la pizarra un árbol frutal grande.

Para preparar las tarjetas con las preguntas, en una tarjeta o pedazo de papel escriba el número "100". En otra tarjeta escriba "200", y en otra, "300". Continúe este patrón (100, 200, 300) para cada pregunta. En el otro lado de cada tarjeta es- criba una de las preguntas que verá más adelante. Si desea, prepare y escriba otras preguntas para dar más oportunidades a los niños. Pegue las tarjetas al árbol de modo que sólo se vean los números.

Diga: **Hoy aprenderán acerca de Adán, Eva, la serpiente y las decisiones que hicieron Adán y Eva. Cada equipo puede es- coger un "fruto" del árbol. Si responden correctamente la pregunta que está en el papel, su equipo recibirá los puntos que indica ese papel.**

Divida al grupo en dos equipos y empiece el juego. Anime a los niños para que ayuden a sus compañeros de equipo a responder las preguntas. Anote los puntos. Preguntas:

1. **¿Quién creó el mundo?** (Dios)
2. **¿Cómo llamó Dios a lo seco?** (tierra)
3. **¿Cómo llamó Dios a la reunión de las aguas?** (mares)
4. **¿Qué respiró Dios en el primer hombre?** (aliento de vida)
5. **¿Cuándo creó Dios a los animales?** (el sexto día)
6. **¿De qué hizo Dios al hombre?** (del polvo de la tierra)
7. **¿Qué creó Dios el séptimo día?** (nada, Él reposó; creó el día de reposo, un día para descansar)
8. **¿A la imagen de quién creó Dios a la gente?** (a su imagen)

Lección Bíblica

Prepare una historia bíblica basada en el pasaje bíblico de la lección. Los niños entenderán mejor la lección si les relata la historia en vez de leérselas.

Después de la lección, anime a los niños a dialogar sobre la historia haciéndoles las siguientes preguntas. Esto les ayudará para que la apliquen a sus vidas. Es posible que no haya una respuesta correcta o errada.

1. **¿Qué hicieron Adán y Eva cuando escucharon a Dios en el huerto? ¿Alguna vez ustedes trataron de esconderse de alguien después que desobedecieron? ¿Cómo se sintieron?**

2. **¿Quién o qué fue maldita por las acciones de Adán y Eva? ¿Piensan que el pecado afecta sólo a la persona que comete el pecado? Expliquen su respuesta.**

3. **¿Por qué Dios sacó del huerto a la pareja?**

4. **¿De qué manera el versículo para memorizar de hoy, Génesis 1:27, se relaciona con esta historia y con nuestras vidas?**

Diga: **Dios creó todas las cosas con buenos propósitos. Pero Adán y Eva decidieron no confiar en Dios. Pensaron que ellos sabían lo que era mejor, así que des- obedecieron a Dios. Adán y Eva hicieron una mala decisión, y esa es una mala noticia. La buena noticia es que Dios quiso restaurar su relación con Adán y Eva. Dios quiere hacer lo mismo con nosotros. Aun cuando desobedecemos a Dios, Él quiere restaurar la relación. Si Dios pudo hacer su obra con Adán y Eva, Dios puede hacer su obra contigo.**

Versículo Para Memorizar

Enseñe un versículo para memorizar (p. 111). Encontrará sugerencias de Actividades para Enseñar el Versículo para Memorizar en página 110.

Actividades Adicionales

Elija una de las siguientes opciones para que los niños mejoren su estudio de la Biblia.

1. Pregunte: **¿Cuáles son algunas de las libertades que sus padres les permiten ahora? ¿En qué formas sus decisiones pueden afectar sus libertades?** Junto con la clase, prepare un cuadro con tres columnas. En la del centro, escriba una lista de libertades que tienen los niños. En la de la izquierda, escriba decisiones que pueden afectar negativamente su libertad. En la de la derecha, anote decisiones que pueden afectar positivamente su libertad. Diga: **Pidamos a Dios que nos ayude a tomar las decisiones que Él considera que son mejores.**

2. Use mapas modernos para encontrar los ríos Tigris y Éufrates. Pregunte: **¿Pueden adivinar dónde podría haber estado el huerto del Edén?** (Los eruditos sugieren que estaba en la parte sur de Iraq, pero nadie lo sabe con certeza.)

3. Realice los juegos en este libro que tengan relación con esta lección.

PREGUNTAS

1. ¿Cuál era el trabajo de Adán en el huerto del Edén? (2:15-20)
1. Labraba y guardaba el huerto.
2. Puso nombre a todos los animales.
3. **Ambas respuestas son correctas.**

2. ¿Por qué Dios creó una mujer para el hombre? (2:18, 20)
1. **No era bueno que el hombre estuviese solo.**
2. A Adán no le gustaba ninguno de los animales.
3. Ambas respuestas son correctas.

3. ¿Qué le dijo la serpiente a Eva sobre el mandato de Dios? (3:1)
1. "Está bien comer de cualquier árbol".
2. "Dios quiso que les dijera que no coman ningún fruto".
3. **"¿Conque Dios os ha dicho: No comáis de todo árbol del huerto?"**

4. ¿Quién comió el fruto primero? (3:6)
1. La serpiente
2. El hombre
3. **La mujer**

5. ¿Por qué Adán y Eva se escondieron de Dios? (3:8-10)
1. Tuvieron miedo porque robaron el fruto.
2. **Tuvieron miedo porque estaban desnudos.**
3. Ambas respuestas son correctas.

6. ¿A quién culpó el hombre cuando Dios le preguntó si había comido del árbol? (3:11-12)
1. **A la mujer (a Eva)**
2. A sí mismo
3. A la serpiente

7. ¿Qué le sucedió a la serpiente? (3:14)
1. Dios bendijo a la serpiente.
2. Dios maldijo a la serpiente.
3. **La mujer cuidó a la serpiente.**

8. ¿Cómo consiguió Adán las túnicas de pieles? (3:21)
1. **Dios las hizo.**
2. Adán las hizo.
3. Eva las hizo.

9. ¿Qué sucedió después que Dios hizo túnicas para Adán y Eva? (3:22-23)
1. Dios dijo: "He aquí el hombre es como uno de nosotros".
2. Dios los sacó del huerto del Edén.
3. **Ambas respuestas son correctas.**

10. ¿Con qué guardó Dios el camino del árbol de la vida? (3:24)
1. Con la serpiente
2. **Con querubines y una espada encendida**
3. Ambas respuestas son correctas.

LECCIÓN 3

Génesis 4:1-16; 25-26
El Conflicto de Caín

Comentario Bíblico

Caín y Abel vivían fuera del huerto del Edén. Abel era pastor y cuidaba sus rebaños, mientras que Caín labraba la tierra. La Biblia no explica por qué las ofrendas de Caín no agradaban a Dios. Sin embargo, dice claramente que Caín tuvo la oportunidad de hacer una buena decisión. Caín era libre y capaz de ser fiel.

Los versículos cinco y seis definen el origen del problema de Caín. Él estaba enojado. Pero Caín no estaba enojado con su hermano por ofrecer en sacrificio a los primogénitos de su rebaño. Estaba enojado con Dios porque no aceptó su ofrenda de los frutos de la tierra. Dios actuó en una manera que Caín no entendía. Sin embargo, Dios le recordó a Caín que tenía la opción de decidir. Podía cambiar su actitud hacia Dios y su hermano, y hacer el bien. O podía sucumbir a su ira.

En el versículo siete, la Biblia usa imágenes vívidas para describir el pecado. Este versículo compara el pecado a un depredador que acosa a su presa. En este pasaje se describe el pecado como un acto de conspiración y violencia. Dios advirtió a Caín que sus pensamientos y enojo eran peligrosos. Lo triste es que Caín no escuchó a Dios. Más bien, escogió ceder a sus pensamientos destructivos.

Al final de la historia, Dios marca a Caín. Esa marca indica la culpabilidad de Caín. No obstante, es también una señal de la misericordia de Dios. Dios le salvó la vida impidiendo que otros lo mataran.

Palabras Relacionadas Con Nuestra Fe

- **mostrar misericordia** – Extender perdón o bondad a alguien que hizo algo malo.

Actividad

Para esta actividad necesitará lo siguiente:
- Bloques que se puedan poner unos sobre otros (de madera o cartón)
- Pedazos pequeños de papel
- Lapicero (bolígrafo) o lápiz
- Cinta adhesiva transparente

Antes de la clase, escriba las siguientes palabras en pedazos pequeños de papel: egoísmo, enojo y celos. Prepare varios juegos de palabras. Forme una torre con los bloques. Pegue a varios bloques los pedazos de papel con palabras.

Diga: **Hoy aprenderemos cómo las malas actitudes pueden afectar las relaciones. Cada uno tendrá la oportunidad de quitar un bloque. ¿Cuántos bloques podremos quitar sin que se caiga la torre?**

Jueguen varias veces. Diga: **Algunos bloques tenían palabras en ellos. ¿Cuáles eran?** Permita que los niños respondan. **Hoy aprenderemos acerca de Caín. Caín tenía problema por sus malas actitudes, como enojo, egoísmo y celos. Estas actitudes dañan las relaciones. Cuando ustedes quitaron bloques de la torre, ésta se cayó. Cuando una persona tiene malas actitudes, éstas dañan la relación con Dios.**

Lección Bíblica

Prepare una historia bíblica basada en el pasaje bíblico de la lección. Los niños entenderán mejor la lección si les relata la historia en vez de leérselas.

Después de la lección, anime a los niños a dialogar sobre la historia haciéndoles las siguientes preguntas. Esto les ayudará para que la apliquen a sus vidas. Es posible que no haya una respuesta correcta o errada.

1. ¿Por qué estaba enojado Caín?

2. Dios ayudó a Caín a entender que tenía una opción en cuanto a su actitud. Si Caín hubiese cambiado de actitud, ¿de qué manera hubiera sido diferente la historia?

3. ¿Alguna vez tuvieron problemas de celos o enojo en su familia? ¿Cómo los enfrentaron?

4. ¿De qué manera el versículo para memorizar de hoy, Génesis 4:7b, se relaciona con esta historia y con sus vidas?

Diga: **Caín tenía una mala actitud. No pidió a Dios que lo perdonara. Más bien, descargó su enojo sobre su hermano. Dios castigó a Caín por matar a Abel. La Biblia dice "no pequéis" cuando sientan ira** (lea Efesios 4:26). **Eso significa que, si se enojan, no deben descargar ese enojo al punto de herir a alguien o herirse a ustedes mismos. Caín tuvo la oportunidad de pedir ayuda a Dios, pero no lo hizo. Dios sabe que luchamos con enojo y celos, y Él quiere ayudarnos a superar esos problemas.**

Versículo Para Memorizar

Enseñe un versículo para memorizar (p. 111). Encontrará sugerencias de Actividades para Enseñar el Versículo para Memorizar en página 110.

Actividades Adicionales

Elija una de las siguientes opciones para que los niños mejoren su estudio de la Biblia.

1. Estudien varios de los rituales de adoración y sacrificios en el Antiguo Testamento. Lean Levítico 1–7 para conocer sobre estas ofrendas sacrificiales y sus significados: holocausto, oblación, ofrenda de paz y ofrenda por el pecado.

2. Dialoguen sobre esta pregunta: ¿Quién sufre más por los sentimientos de ira y odio? ¿Sufren ustedes o la persona a la que odian? Cuando se enojan, ¿qué pasa en su estómago y en sus intestinos? ¿Es bueno eso para su cuerpo? ¿Qué les puede suceder a sus cuerpos cuando están así por mucho tiempo? ¿Qué podrían hacer en vez de odiar?

3. Realice los juegos en este libro que tengan relación con esta lección.

PREGUNTAS

1. ¿Quién fue el hijo mayor de Adán y Eva? (4:1-2)
1. Abel
2. Set
3. **Caín**

2. ¿Cuál era el trabajo de Caín? (4:2)
1. Pastor de ovejas
2. **Labrador de la tierra**
3. Pescador

3. ¿Cuál era el trabajo de Abel? (4:2)
1. Pescador
2. Labrador de la tierra
3. **Pastor de ovejas**

4. ¿Quién agradó a Jehová con su ofrenda? (4:4)
1. Caín
2. Adán
3. **Abel**

5. ¿Qué hizo enojar a Caín? (4:4-5)
1. Jehová no miró con agrado su ofrenda.
2. Jehová miró con agrado la ofrenda de Abel.
3. **Ambas respuestas son correctas.**

6. Según lo que dijo Jehová, ¿de qué debía enseñorearse Caín? (4:7)
1. El cultivo de la tierra
2. **El pecado**
3. Ambas respuestas son correctas.

7. ¿Por qué Jehová castigó a Caín? (4:8-11)
1. **Caín atacó a Abel y lo mató.**
2. Caín ofrendó pescados a Jehová.
3. Caín no quería ser labrador.

8. ¿Cuál fue el castigo de Caín? (4:11-12)
1. **La tierra no le daría su fuerza cuando la labrara.**
2. Nunca podría salir del huerto del Edén.
3. Ambas respuestas son correctas.

9. ¿A dónde fue Caín cuando salió del huerto? (4:16)
1. A la tierra de Nod
2. Al oriente de Edén
3. **Ambas respuestas son correctas.**

10. ¿Cuándo comenzaron los hombres a invocar el nombre de Jehová? (4:26)
1. Cuando oyeron que Abel había muerto
2. Antes que naciera Abel
3. **Después que nació el hijo de Set**

LECCIÓN 4

Génesis 6:5-7:16
Un Hombre Obedece

Comentario Bíblico

El relato sobre Noé y el diluvio es una de las historias más conocidas de la Biblia. Génesis 6 describe un tiempo cuando la gente era muy mala y pecadora. Cuando Dios miraba el corazón de la humanidad, veía que en ellos había "de continuo solamente el mal". La maldad de la gente causaba dolor en el corazón de Dios. Él no podía tolerar a la creación en esa condición malvada. Tenía que limpiar la corrupción y violencia. La creación de Dios no se acordaba de Él y seguían sus propios caminos. Dios entonces juzgó y condenó a la tierra.

Sin embargo, en este punto de la historia, cuando Dios perdió toda esperanza respecto al mundo, Génesis 6:8 incluye una crucial declaración de transición: "Pero Noé halló gracia ante los ojos de Jehová". Debido a Noé, era posible seguir otro plan. Dios invitó a Noé a ser parte de él.

Dios le dijo a Noé el plan y le dio instrucciones específicas. Esta vez, Dios intentó hacer un nuevo pacto con el único que siguió caminando con Él. Gracias a que Noé era justo, él y su familia se salvaron del castigo.

Así que, aunque toda la creación era perversa, Dios halló a alguien que todavía lo seguía. En los versículos 6:22 y 7:5, descubrimos el carácter de Noé que escuchaba y obedecía. Dios cambió su posición en cuanto a la humanidad.

Palabra Relacionada Con Nuestra Fe

justo – Estar en buena relación con Dios y obedecerle debido a esa relación. Ser justo es ser como Cristo en pensamientos, palabras y acciones.

Actividad

Para esta actividad necesitará lo siguiente:

- Una cinta para medir
- Cuatro pilares u objetos para marcar las esquinas del arca
- Un espacio grande
- Pedazos pequeños de papel
- Lapicero (bolígrafo) o lápiz

Antes de la clase, si es posible, busque un área grande donde pueda medir y marcar el tamaño del arca de Noé. Use pilares u otros objetos para marcar las esquinas del arca. El arca medía aproximadamente 140 metros de largo, 23 metros de ancho, y 13.5 metros de altura. Si esto no es posible, mida el tamaño de su espacio y determine qué fracción sería al compararlo con el tamaño del arca.

Escriba el nombre de un animal en dos pedazos de papel. Repita eso hasta tener varios pares de animales. Prepare el número suficiente para que cada niño tenga un pedazo de papel.

Para empezar la clase, diga a los niños el tamaño del arca. Diga: **Hoy aprenderemos acerca de Noé y el arca. ¡El arca era enorme! ¡Era más grande que una cancha de fútbol! Veremos por qué era tan grande.**

Entregue a cada niño un pedazo de papel con el nombre de un animal. Pídales que lean en silencio el nombre del animal y que lo mantengan en secreto. Si hay niños que aún no saben leer, susúrreles el nombre del animal. Cuando usted dé la señal, los niños imitarán el sonido de su animal y tratarán de encontrar a su pareja, o sea, el otro niño a quien le tocó el mismo animal.

Después que los niños hayan encontrado a su pareja, si es posible hágalos caminar por el perímetro del área, de manera que tengan una idea de lo grande que era el arca. Explíqueles qué fracción viene a ser ese espacio en comparación con el tamaño del arca.

Lección Bíblica

Prepare una historia bíblica basada en el pasaje bíblico de la lección. Los niños entenderán mejor la lección si les relata la historia en vez de leérselas. Una versión más sencilla de esta historia se ha impreso en la parte de atrás de este libro, en las páginas 112-142. Este relato facilita la lectura y comprensión.

Después de la lección, anime a los niños a dialogar sobre la historia haciéndoles las siguientes preguntas. Esto les ayudará para que la apliquen a sus vidas. Es posible que no haya una respuesta correcta o errada.

1. **¿En qué era diferente Noé del resto de la gente?**

2. **¿En qué es similar o diferente el vecindario de ustedes del lugar donde vivía Noé?**

3. **¿Cómo reaccionarían ustedes si Dios les pidiera hacer algo como construir un arca?**

4. **Hable de alguna ocasión cuando usted pensó que era la única persona que quería hacer lo bueno.**

Diga: **Es difícil hacer lo bueno cuando nadie más lo hace. Tal vez Noé se sentía así. Él amaba a Dios y quería complacerlo, pero a las otras personas no les importaba Dios. Noé pensó que estaba solo. ¿Notaba Dios que Noé siempre trataba de hacer lo bueno? La Biblia dice que sí. Dios lo ayudó a prepararse para el diluvio, y toda la familia de Noé sobrevivió.**

Dios realmente nota nuestros esfuerzos para amarlo y hacer lo bueno. Debemos amar y servir a Dios a pesar de las actitudes de las otras personas.

Versículo Para Memorizar

Enseñe un versículo para memorizar (p. 111). Encontrará sugerencias de Actividades para Enseñar el Versículo para Memorizar en página 110.

Actividades Adicionales

Elija una de las siguientes opciones para que los niños mejoren su estudio de la Biblia.

1. Estudien más sobre el arca de Noé. Pida a los niños que dibujen un arca. Ayúdelos a diseñar espacios adentro para los animales, otros para las personas, y otros para almacenar cosas como alimentos y agua.

2. Hagan un modelo pequeño del arca con papel maché o arcilla.

3. Escriban una dramatización de las conversaciones entre Noé y sus hijos mientras construían el arca.

4. Realice los juegos en este libro que tengan relación con esta lección.

PREGUNTAS

1. *¿Qué llegó a ser "mucha en la tierra? (6:5)*
   1. **La maldad de los hombres**
   2. La bondad de los hombres
   3. La Biblia no lo dice.

2. *¿Qué clase de hombre era Noé? (6:9)*
   1. Justo
   2. Perfecto
   3. **Ambas respuestas son correctas.**

3. *¿Por qué le dijo Dios a Noé que hiciera un arca? (6:13-14)*
   1. **Jehová iba a destruir a la gente y la tierra.**
   2. Jehová dijo que vendría un fuerte terremoto.
   3. Ambas respuestas son correctas.

4. *¿Quiénes dijo Jehová que podrían entrar en el arca con Noé? (6:18)*
   1. La mujer de Noé
   2. Los hijos de Noé y sus mujeres
   3. **Ambas respuestas son correctas.**

5. *¿Cómo encontró Noé a los animales para ponerlos en el arca? (6:20)*
   1. Sus hijos salieron y encontraron a todos los animales.
   2. **Los animales entraron con Noé.**
   3. Jehová envió a todos los animales a un río.

6. *¿Cuánto tiempo dijo Jehová que llovería? (7:4)*
   1. **Cuarenta días y cuarenta noches**
   2. Siete días y siete noches
   3. Dos semanas

7. *¿Cuánto hizo Noé de lo que le mandó Jehová? (7:5)*
   1. **Todo lo que le mandó Jehová**
   2. Algo de lo que le mandó Jehová
   3. Nada de lo que le mandó Jehová

8. *¿Cuántos años tenía Noé cuando entró en el arca? (7:11, 13)*
   1. 500 años de edad
   2. **600 años de edad**
   3. 700 años de edad

9. *¿Qué sucedió el día en que empezó a llover? (7:13-15)*
   1. Noé permitió que algunos vecinos entraran en el arca.
   2. La gente pidió el perdón de Dios.
   3. **Noé y su familia entraron en el arca con los animales.**

10. *Después que entraron los animales, ¿quién le cerró la puerta a Noé? (7:16)*
    1. Noé
    2. **Jehová**
    3. Sus hijos

LECCIÓN 5

Génesis 7:17-8:22
Subieron las Aguas

Comentario Bíblico

El diluvio es uno de los relatos más emocionantes y dramáticos en la Biblia. La historia da un valioso ejemplo de cómo Dios interacciona con la gente.

Dios creó a las personas a Su imagen para tener una relación especial y única con ellas. Esta relación se deterioró rápidamente con la desobediencia de Adán y Eva. A medida que las generaciones de seres humanos empezaron a llenar la tierra, también aumentaron la rebelión, la violencia y el pecado.

Sin embargo, Dios aún amaba a la gente. Dios estaba complacido especialmente con Noé. "Noé halló gracia ante los ojos de Jehová". La interacción entre Noé y Dios nos ayuda a entender el poder de la obediencia a las instrucciones de Dios.

El acto de misericordia de Dios hacia Noé y su familia nos ayuda a conocer la naturaleza de Dios. Dios creó el mundo, y Él tenía la autoridad para destruirlo. Pero, puesto que Él tiene en alta estima las relaciones, salvó a la raza humana de ser totalmente destruida. Esto muestra el amor y misericordia constantes de Dios.

Palabras Relacionadas Con Nuestra Fe

- **soberano** – Que tiene poder para gobernar sin ningún límite. Un rey soberano no es controlado por ninguna otra persona ni nación.
- **altar** – Estructura que la gente del Antiguo Testamento edificaba para ofrecer sacrificios a Dios. Ofrecer un sacrificio era una forma en que la gente adoraba a Dios. Hoy en día algunas iglesias tienen altares para que la gente tenga un lugar especial donde hablar a Dios.
- **sacrificio** – Algo valioso que se ofrece a Dios. En los tiempos del Antiguo Testamento, el sacrificio usualmente era de un animal, fruto o grano. En Romanos 12:1-2, la Biblia nos dice que podemos ofrecer nuestras vidas para que sean usadas conforme a los propósitos de Dios.

Actividad

Para esta actividad necesitará lo siguiente:
- Papel o cartón blanco
- Crayolas

Después de relatar la historia, reúna a los niños en grupos de cinco. Recuérdeles a los niños los puntos principales de la historia: **1) las aguas del diluvio subieron; 2) Dios se acordó de Noé; 3) el arca reposó sobre los montes de Ararat; 4) Noé envió una paloma a buscar tierra seca; 5) Noé edificó un altar para adorar a Dios.**

Entregue cinco pedazos de papel a cada grupo. Pida a los niños de cada grupo que decidan quién dibujará cada una de estas imágenes: agua, Noé, montaña, paloma, altar. (Nota: el altar puede dibujarse como un hito o rocas apiladas una sobre otra.)

Cuando los niños terminen sus dibujos, pídales que los pongan en orden y relaten la historia usando sus imágenes. Cada niño puede decir la parte de la historia que él o ella dibujó. Si tienen tiempo, los niños podrían intercambiar los dibujos y decir la historia otra vez.

Diga: **Las aguas crecientes seguramente atemorizaron a Noé y su familia. Pero Dios no se olvidó de su promesa. Él se acordó de Noé. Cuando estén preocupados por algo, ¡ustedes pueden saber que Dios se acuerda de ustedes también!**

Lección Bíblica

Prepare una historia bíblica basada en el pasaje bíblico de la lección. Los niños entenderán mejor la lección si les relata la historia en vez de leérselas. Este relato facilita la lectura y comprensión.

Después de la lección, anime a los niños a dialogar sobre la historia haciéndoles las siguientes preguntas. Esto les ayudará para que la apliquen a sus vidas. Es posible que no haya una respuesta correcta o errada.

1. **Noé y su familia esperaron 40 días mientras subían las aguas del diluvio. Después esperaron 150 días más. Luego esperaron, esperaron y esperaron que bajaran las aguas. ¿Alguna vez ustedes tuvieron que esperar algo? ¿Cómo les hizo sentir eso?**

2. **¿Qué creen que hicieron Noé y su familia mientras esperaban dentro del arca?**

3. **Después que Noé salió del arca, ¿cómo le dio gracias a Dios?**

4. **Mencionen algo por lo que pueden dar gracias a Dios.**

5. **¿Cómo se relaciona el versículo para memorizar, Génesis 8:22, con esta historia?**

Diga: **Hay muchas oportunidades para que los adultos sirvan a Dios. ¿Qué puede hacer un niño o una niña?**

Con la historia de Noé, los niños pueden aprender que Dios no les exige que salgan de donde viven para servirle y obedecerle. Noé hizo lo que Dios le pidió. Piensen en Noé cuando se pregunten: "¿Qué puedo hacer para servir a Dios?" Recuérdeles a los niños que la mejor manera de servir a Dios es obedecerle.

Versículo Para Memorizar

Enseñe un versículo para memorizar (p. 111). Encontrará sugerencias de Actividades para Enseñar el Versículo para Memorizar en página 110.

Actividades Adicionales

Elija una de las siguientes opciones para que los niños mejoren su estudio de la Biblia.

1. Estudien el tema del altar. ¿Cómo usaba la gente los altares en los tiempos bíblicos? Busquen otros pasajes bíblicos que hablen sobre la edificación de un altar a Dios. Hagan un modelo de altar.

2. Preparen un diorama del arca reposando sobre los montes de Ararat.

3. Hagan un dibujo del arca y de su animal favorito.

4. Realice los juegos en este libro que tengan relación con esta lección.

PREGUNTAS

1. *¿Cuánto tiempo duró el diluvio? (7:17)*
   1. 40 semanas
   2. **40 días**
   3. 40 horas

2. *¿Qué sucedió cuando Dios envió la lluvia? (7:19-21)*
   1. Murió toda carne sobre la tierra.
   2. El agua cubrió aun los montes más altos.
   3. **Ambas respuestas son correctas.**

3. *¿Quiénes quedaron con vida en la tierra? (7:23)*
   1. Noé
   2. Los que estaban con Noé en el arca
   3. **Ambas respuestas son correctas.**

4. *¿Dónde reposó el arca? (8:4)*
   1. **Sobre los montes de Ararat**
   2. Sobre el monte de Dios
   3. En el huerto del Edén

5. *Después que dejó de llover, ¿cuál ave envió Noé primero? (8:7)*
   1. **Un cuervo**
   2. Una paloma
   3. Una tórtola

6. *¿Qué trajo la paloma cuando volvió al arca? (8:11)*
   1. Una hoja de césped
   2. Una manzana
   3. **Una hoja de olivo**

7. *¿Cuándo quitó Noé la cubierta del arca? (8:13)*
   1. Tan pronto como dejó de llover
   2. **Cuando las aguas se secaron sobre la tierra**
   3. Ambas respuestas son correctas.

8. *¿Qué hizo Noé en el altar que edificó? (8:20)*
   1. **Ofreció holocausto a Jehová de todo animal limpio y toda ave limpia.**
   2. Ofreció holocausto a Jehová de animales inmundos.
   3. Ofreció sacrificio a Jehová de árboles de olivo y frutos.

9. *¿Qué dijo Jehová que no volvería a hacer jamás? (8:21)*
   1. Destruir a todo ser viviente
   2. Maldecir la tierra por causa del hombre
   3. **Ambas respuestas son correctas.**

10. *¿Cuánto tiempo dijo Dios que no cesarían el verano y el invierno? (8:22)*
    1. Para siempre
    2. **Mientras la tierra permanezca**
    3. Hasta el siguiente diluvio

LECCIÓN 6

Génesis 9:1-20, 28-29
El Arco Iris En Las Nubes

Comentario Bíblico

Dios confirma su pacto con Noé y honra la obediencia de Noé. Dios también inicia y cumple un pacto con la gente. Dios mantiene su pacto con la humanidad a pesar de que ésta fue infiel. El pacto entre Dios, la tierra y sus habitantes es la parte final de esta historia dramática.

Para que los niños entiendan esta resolución, es importante comprender lo que es un pacto. Un pacto es un acuerdo serio entre dos personas. En este caso, el pacto es entre Dios y la tierra, la gente y todos los otros seres vivientes en la tierra (los animales, las aves y los peces). Dios dijo que el arco iris era la señal de su pacto.

Después del diluvio, las expectativas de Dios en relación con la gente fueron distintas. La gente ya no estaba limitada a una alimentación de frutas y vegetales. Dios permitió que también comieran carne. Sin embargo, Dios aún puso restricciones en cuanto a la manera en que su pueblo debía preparar la carne. Por ejemplo, primero debían escurrir la sangre. Dios todavía cuida de la gente y se preocupa de cómo viven.

Dios no tolera el pecado. Dios seguirá trabajando para hacer que el mundo sea recto. Dios nota nuestros esfuerzos para servirle

y Él honra a los que le obedecen. A pesar de la maldad de la gente, Dios aún ama a aquellos a quienes creó a su imagen.

Palabra Relacionada Con Nuestra Fe

- **pacto** – Un acuerdo especial y serio entre dos personas o entre una persona y Dios.

Actividad

Para esta actividad necesitará lo siguiente:

- Seis pedazos de papel, cada uno de un color del arco iris (rojo, naranja, amarillo, verde, azul, morado)
- Marcadores o crayolas de esos mismos colores
- Marcador negro o crayola negra
- Pedazos pequeños de papel, uno para cada niño

Para preparar la actividad, en un espacio amplio esconda cada papel de color en un lugar diferente, junto con el marcador o crayola del mismo color. Elija a un niño para que sea el Atrapa Colores, el jugador que perseguirá y tratará de tocar a los otros jugadores para impedir que progresen.

Para jugar, envíe a todos, excepto el Atrapa Colores, a buscar los marcadores o crayolas. Cada vez que un niño encuentre uno de los marcadores o crayolas, disimuladamente debe pintar una línea en su papel. El niño debe dejar el marcador o crayola en su lugar. El Atrapa Colores tratará de perseguir y tocar a los jugadores. Cada vez que lo logre, el Atrapa Colores usará el marcador negro o crayola negra para eliminar una de las líneas de color en el papel del niño. Ganará el primer jugador que tenga una línea de cada color.

Diga: **El juego estuvo divertido y nos ayudó a aprender los colores del arco iris. Pero, ¿sabían que hay algo más acerca del arco iris, aparte de los colores? Hoy aprenderemos que Dios le dio un significado especial al arco iris.**

Lección Bíblica

Prepare una historia bíblica basada en el pasaje bíblico de la lección. Los niños entenderán mejor la lección si les relata la historia en vez de leérselas.

Después de la lección, anime a los niños a dialogar sobre la historia haciéndoles las siguientes preguntas. Esto les ayudará para que la apliquen a sus vidas. Es posible que no haya una respuesta correcta o errada.

1. ¿En qué piensan ustedes cuando ven un arco iris?

2. ¿Por cuánto tiempo pueden ustedes cumplir una promesa a su familia o a sus amigos? ¿Podrían cumplir una promesa por toda la eternidad? ¿Qué es lo que hace difícil cumplir una promesa?

3. Noé tenía 950 años de edad. ¿Cómo creen que sería tener 950 años? ¿Qué cambios podrían suceder durante su vida?

4. ¿Cómo se relaciona el versículo para memorizar, Génesis 9:13, con esta historia?

Diga: **La Palabra de Dios fue verdadera para la gente en los tiempos bíblicos, y su Palabra es verdadera para nosotros ahora. Dios prometió que nunca más destruiría toda la tierra con un diluvio. Dios hizo esa promesa a Noé, a sus hijos y a todos los que han vivido después de ellos.**

Cuando vemos un arco iris en el ciclo, recordamos la promesa que nos hizo Dios. Es una señal del pacto que Dios hizo con Noé hace mucho tiempo. Dios cumple sus promesas.

Versículo Para Memorizar

Enseñe un versículo para memorizar (p. 111). Encontrará sugerencias de Actividades para Enseñar el Versículo para Memorizar en página 110.

Actividades Adicionales

Elija una de las siguientes opciones para que los niños mejoren su estudio de la Biblia.

1. Hablen acerca de qué es un pacto. Un pacto puede ser un acuerdo formal que implica compromiso y define las relaciones y responsabilidades entre dos o más personas. Hay otros cuatro pactos bíblicos principales: el pacto con Abraham (Génesis 12); el pacto con Moisés (Éxodo 19; 23); el pacto con David (2 Samuel 7); y el nuevo pacto (Lucas 22:20). ¿En qué son similares? ¿En qué son diferentes?

2. Pida a los niños que escriban cartas a Dios, dándole gracias por cumplir su pacto con la gente. Indíqueles que también den gracias a Dios por recordar su promesa. Si hay tiempo y los niños muestran interés, déles la oportunidad de agregar promesas que también ellos deseen hacerle a Dios.

3. Realice los juegos en este libro que tengan relación con esta lección.

PREGUNTAS

1. *Después de bendecirlos, ¿qué dijo Dios a Noé y a sus hijos? (9:1)*
   1. **Fructificad y llenad la tierra.**
   2. Pongan nuevos nombres a los animales.
   3. Ya no pequen más.

2. *¿Qué podía comer la gente después del diluvio? (9:3-4)*
   1. Plantas verdes
   2. Carne sin su vida, que es su sangre
   3. **Ambas respuestas son correctas.**

3. *Por qué Dios demandará la vida de la gente? (9:5-6)*
   1. **El hombre es hecho a imagen de Dios.**
   2. Los animales son más importantes que la gente.
   3. La Biblia no lo dice.

4. *¿Cuál fue el pacto que hizo Dios con todos los seres vivientes? (9:11)*
   1. **Nunca más enviará un diluvio para destruir la tierra y toda vida en ella.**
   2. Nunca más castigará a la gente.
   3. Nunca destruirá la tierra con fuego.

5. *¿Cuál señal dio Dios del pacto que hizo? (9:13)*
   1. **Un arco iris**
   2. El arca
   3. Ambas respuestas son correctas.

6. *¿Cuánto tiempo dijo Dios que duraría este pacto? (9:12)*
   1. Mientras viviera Noé
   2. **Por siglos perpetuos**
   3. Mientras vivieran los hijos de Noé

7. *¿De qué se acordará Dios cuando aparezca el arco iris? (9:16)*
   1. **Del pacto perpetuo que hizo**
   2. De la necesidad de lluvia sobre la tierra
   3. Ambas respuestas son correctas.

8. *¿De quiénes fue llena la tierra después del diluvio? (9:19)*
   1. **Sem, Cam y Jafet**
   2. Los hijos de Abraham
   3. Ambas respuestas son correctas.

9. *¿Cuántos años vivió Noé después del diluvio? (9:28)*
   1. 950 años
   2. 150 años
   3. **350 años**

10. *¿Cuántos años tenía Noé cuando murió? (9:29)*
    1. 450 años
    2. **950 años**
    3. 1,050 años

LECCIÓN 7

Génesis 12:1-9; 13:5-18
Llamamientos y Decisiones

Comentario Bíblico

La relación de Abram con Dios era distinta de la que Lot tenía con Dios. Abram y Lot hicieron decisiones diferentes y esta lección muestra los resultados de esas decisiones.

Lot y Abram partieron de Harán con sus familias. Cuan- do la nueva tierra ya no era suficiente para ambas familias, Abram mostró gracia dándole a Lot la opción de escoger primero su territorio. Abram no protegió sus propios intereses. Más bien, confió en que Dios lo llevaría a la tierra prometida y fue generoso con Lot.

La gente frecuentemente hace decisiones en base a lo que piensan que es mejor para ellos. Dios quiere que la gente confíe en Él y elija de acuerdo a Su voluntad. Nosotros no podemos ver el futuro. Muchas veces no nos damos cuenta de cómo las decisiones que hacemos hoy pueden afectar al mundo mañana y en los años futuros. Sin embargo, Dios lo sabe. Así que debemos confiar en Dios y obedecerle.

Esta lección es una gran oportunidad para resaltar la fe de Abram. La fe de Abram afectaría la vida de su hijo (Isaac), de sus nietos (Esaú y Jacob) y aun de su bisnieto (José).

Actividad

Para esta actividad necesitará lo siguiente:
- 2 valijas
- 2 juegos de ropa (camisas, zapatos)
- 2 juegos de artículos de casa que representen una mudanza (ollas, libros, toallas)
- 2 mesas puestas al frente del salón
- Un cronómetro o reloj

Antes de la clase, sobre cada mesa coloque una valija, un juego de ropa y un juego de artículos de casa. Los juegos de ropa y artículos de casa deben ser iguales en cantidad y tamaño. Provea suficientes artículos para que sea difícil que todo entre en cada

valija. Dos niños competirán para ver quién termina primero de empacar todo en su valija.

Diga a los niños que les dará 60 segundos para empacar la valija. (Tal vez tome más tiempo.) El objetivo es ser el primero en poner todo en la valija y cerrarla. Si tienen tiempo, permita que todos los niños tengan la oportunidad de empacar una valija.

Diga: **Hoy aprenderemos acerca de algunas personas que empacaron sus posesiones y se trasladaron a un nuevo lugar. Ellos tuvieron que hacer decisiones difíciles. Veremos cómo respondieron al llamado de Dios para ir a vivir en otro lugar.**

Lección Bíblica

Prepare una historia bíblica basada en el pasaje bíblico de la lección. Los niños entenderán mejor la lección si les relata la historia en vez de leérselas.

Después de la lección, anime a los niños a dialogar sobre la historia haciéndoles las siguientes preguntas. Esto les ayudará para que la apliquen a sus vidas. Es posible que no haya una respuesta correcta o errada.

1. **¿Cómo responderían si Dios les pidiera que dejaran su hogar y que lo siguieran? ¿Qué sería lo más difícil para ustedes si Dios les pidiera que se trasladaran a otro lugar?**

2. **¿Quién creen ustedes que hizo una buena decisión en esta historia? ¿Por qué?**

3. **¿Quién creen ustedes que hizo una mala decisión en esta historia? ¿Por qué?**

4. **¿Qué significa confiar en Dios?**

5. **Dialoguen sobre el versículo para memorizar de hoy, 4 Hebreos 11:8. ¿Qué significó para Abram irse de Harán? ¿Conocen la historia de alguien que tuvo que confiar en Dios en una situación difícil?**

Diga: **A veces puede ser difícil tomar decisiones. Abram y Lot hicieron algunas decisiones para** resolver las peleas de sus pastores. Por respeto a su tío, que era mayor, Lot debió permitir que Abram tuviera la primera opción. Sin embargo, Lot escogió primero.

Abram cedió la primera opción porque tuvo fe en Dios. Abram confió en que Dios lo ayudaría en su viaje. Abram confió en que Dios proveería para sus necesidades. Y, Abram confió en que Dios haría lo que prometió.

Versículo Para Memorizar

Enseñe un versículo para memorizar (p. 111). Encontrará sugerencias de Actividades para Enseñar el Versículo para Memorizar en página 110.

Actividades Adicionales

Elija una de las siguientes opciones para que los niños mejoren su estudio de la Biblia.

1. Pregunte: **¿Alguna vez tuvieron que trasladarse a una nueva ciudad? Escriban una historia acerca de su mudanza. Si nunca se han traslado, pretendan que lo hicieron. Incluyan por qué se trasladaron, qué fue fácil y qué fue difícil acerca de esa mudanza, y cómo se sintieron en cuanto al traslado.**

2. Pida a los niños que hagan un dibujo o que hagan una escena que muestre a Lot y su ganado en la llanura del río Jordán.

3. Realice los juegos en este libro que tengan relación con esta lección.

PREGUNTAS

1. ¿Qué dijo Jehová que debía hacer Abram? *(12:1)*
   1. Ir a una tierra que Jehová le mostraría.
   2. Ir al mar.
   3. Quedarse en la tierra de su padre.

2. ¿Quiénes fueron con Abram? (12:5)
   1. Sarai y Lot
   2. Las personas de su casa
   3. Ambas respuestas son correctas.

3. ¿Qué dijo Jehová que daría a la descendencia de Abram? (12:5-7)
   1. La tierra donde nadie vivía
   2. La tierra de Canaán
   3. Ambas respuestas son correctas.

4. ¿Quiénes estaban en la tierra que Dios le dio a Abram? (12:6-7)
   1. Los cananeos
   2. Nadie
   3. Los padres de Abram

5. ¿Por qué hubo contienda entre los pastores de Abram y los de Lot? (13:6-7)
   1. La tierra no era suficiente para el ganado de ambos.
   2. Abram y Lot tenían muchas posesiones.
   3. Ambas respuestas son correctas.

6. ¿Por qué Abram y Lot se apartaron uno del otro? (13:8-9)
   1. No se llevaban bien.
   2. No querían que hubiese altercado entre ellos.
   3. Lot quiso regresar a Harán.

7. ¿Dónde escogió vivir Lot? (13:11-12)
   1. En toda la llanura del Jordán
   2. En las ciudades de la llanura
   3. Ambas respuestas son correctas.

8. ¿Cómo describe la Biblia a los hombres de Sodoma? (13:13)
   1. Eran malos y pecadores contra Jehová en gran manera.
   2. Eran parientes de Abram.
   3. Ambas respuestas son correctas.

9. ¿Dónde escogió vivir Abram? (13:18)
   1. En la orilla del río Jordán
   2. En el encinar de Mamre en Hebrón
   3. Cerca de las ciudades

10. ¿Qué hizo Abram después de trasladarse a Hebrón? (13:18)
    1. Visitó Harán.
    2. Edificó un altar a Jehová.
    3. Ambas respuestas son correctas.

LECCIÓN 8

Génesis 15:1-21
Promesas y Pactos

Comentario Bíblico

Abram era un hombre rico y de éxito. Sin embargo, no tenía hijos. Dios le habló a Abram acerca de un galardón o recompensa grande, pero Abram cuestionó qué tan grande podía ser puesto que no tenía hijos. Jehová le aseguró a Abram que tendría un hijo. Abram confió en que Dios cumpliría su promesa.

Una vez más Abram cuestionó a Dios en cuanto a esa promesa. En esta ocasión, Dios respondió haciendo un pacto con Abram. Abram colocó los animales en la manera acostumbrada cuando la gente deseaba hacer un juramento. Hacer tal juramento era un compromiso serio. En este ritual, dos personas se reunían en medio de los animales partidos, a fin de indicar que ambos estaban de acuerdo en participar en el juramento. En el versículo 17, Dios es representado por el horno humeando y la antorcha que pasaba entre los animales divididos. Abram no pasó entre los animales, tal como se hubiese hecho en una ceremonia normal de pacto. Dios hizo el pacto y Abram lo recibió.

Jehová cumplió Su promesa y le dio a Abram los descendientes y la tierra. A pesar de sus preguntas, Génesis 15:6 describe la fe de Abram: "Y creyó a Jehová, y le fue contado por justicia". Al enseñar esta lección, ayude a los niños a recordar que ellos pueden confiar en las promesas de Dios.

Palabras Relacionadas Con Nuestra Fe

- **ser justo** – Estar en buena relación con Dios y obedecerle por esa razón.
- **descendencia** – Los hijos, nietos, bisnietos, etc. de una persona. La descendencia de Abram llegó a conocerse como los Israelitas.

Actividad

Para esta actividad necesitará lo siguiente:

- Copias de un pacto sencillo que usted preparará; necesitará una copia para cada niño.
- Lapiceros o bolígrafos

Antes de la clase, prepare un pacto sencillo para cada niño. Deje espacio para que pongan el nombre de una persona, las fechas, la descripción de algún trabajo que harán y varias líneas para las firmas. Haga suficientes copias para que los niños tengan oportunidad de llenar más de un pacto.

Diga: **Dios llamó a Abram para que saliera de su tierra y viajara a un lugar desconocido. Dios hizo pacto con Abram de que en el futuro Él le daría un hijo. Dios también prometió darle toda la tierra que iba a mostrarle. ¿Qué es un pacto?** (Dé tiempo para que los niños respondan.) **¿Qué fue diferente en el pacto que Dios hizo con Abram?** (Normalmente las dos personas en un pacto pasaban entre el animal partido, pero en este pacto sólo Dios lo hizo.)

Dios fue fiel con Abram y lo guió en su viaje a Canaán. Sin embargo, Dios no completó su promesa a Abram hasta después que el pacto estuvo completo.

Entregue a cada niño una copia del contrato en blanco. Dígales que piensen en promesas que las personas se hacen unas a otras, como en la compra de un objeto o el acuerdo para realizar un trabajo por cierto precio.

Diga: **Hoy ustedes escribirán pactos. Por ejemplo: Escriban un pacto con un amigo o con su padre o madre. Hagan la promesa de hacer una tarea específica en su casa o en su escuela durante un mes. Escriban su nombre, la fecha y el trabajo que harán. Después firmen su nombre y pidan a la otra persona que firme también.** Instruya a los niños para que den el contrato a la otra persona y cumplan la promesa o pacto por un mes. Esto les ayudará a recordar las promesas que Dios nos ha hecho y las promesas que hacemos a otros.

Lección Bíblica

Prepare una historia bíblica basada en el pasaje bíblico de la lección. Los niños entenderán mejor la lección si les relata la historia en vez de leérselas.

Después de la lección, anime a los niños a dialogar sobre la historia haciéndoles las siguientes preguntas. Esto les ayudará para que la apliquen a sus vidas. Es posible que no haya una respuesta correcta o errada.

1. **¿Qué situaciones hacen que duden de las promesas de Dios?**
2. **Abram no tenía hijos cuando Dios le prometió una descendencia tan numerosa como las estrellas en el cielo. ¿Cómo creen que se sintió Abram? ¿Le hubieran creído a Dios si hubiesen estado en el lugar de Abram? ¿Por qué?**

Diga: **¿Qué tan difícil es esperar que alguien cumpla una promesa?** (Dé tiempo para que los niños respondan.) **Dios hizo un pacto con Abram y Él le mostró a Abram cómo cumpliría esa promesa. Dios le daría un heredero que recibiría las posesiones de Abram, y Él daría la tierra prometida a su descendencia. Génesis prueba que podemos confiar en Dios. Ahora Dios continúa mostrándonos que Él es fiel para cumplir sus promesas.**

Versículo Para Memorizar

Enseñe un versículo para memorizar (p. 111). Encontrará sugerencias de Actividades para Enseñar el Versículo para Memorizar en página 110.

Actividades Adicionales

Elija una de las siguientes opciones para que los niños mejoren su estudio de la Biblia.
1. Pregunte: **¿A quiénes se refería Dios en Génesis 15:13-16? ¿Qué les sucedió a ellos?** (Lea Éxodo 13:14-16.)
2. La Biblia usa la palabra "descendencia". Estos son los hijos, nietos, bis- nietos, etc. de una persona. Escriba en la pizarra el nombre de uno de los abuelos de los niños. Después ayude al niño a escribir los nombres de todos los descendientes.
3. Realice los juegos en este libro que tengan relación con esta lección.

PREGUNTAS

1. Eliezer recibiría la herencia de Abram? (15:2-3)
   1. Abram no era obediente a Jehová.
   2. Abram no tenía hijo.
   3. Ambas respuestas son correctas.

2. ¿Quién dijo Dios que sería el heredero de Abram? (15:4)
   1. Eliezer
   2. Un hijo de Abram
   3. Nadie

3. ¿Por qué Dios llevó fuera a Abram? (15:5)
   1. Para mostrarle los cielos y las estrellas
   2. Para mostrarle cuánta descendencia iba a tener
   3. Ambas respuestas son correctas.

4. ¿Qué le preguntó Abram a Jehová acerca de la tierra? (15:8)
   1. "¿En qué conoceré que la he de heredar?"
   2. "¿Por qué los cananeos están todavía en la tierra?
   3. "¿Cuándo tendré un hijo para que me ayude?"

5. ¿Qué hizo Abram con los animales que le llevó a Jehová? (15:10)
   1. Los partió por la mitad y puso cada mitad una enfrente de la otra.
   2. Partió las aves por la mitad.
   3. Ambas respuestas son correctas

6. ¿Cuándo cayó sobre Abram el temor de una grande oscuridad? (15:12)
   1. Cuando salía el sol
   2. Cuando sobrecogió el sueño a Abram
   3. Ambas respuestas son correctas.

7. ¿Acerca de quién le habló Jehová a Abram? (15:13)
   1. Su descendencia
   2. Su mayordomo Eliezer
   3. Ambas respuestas son correctas.

8. ¿Cuánto tiempo moraría la descendencia de Abram en tierra ajena? (15:13)
   1. 40 años
   2. 100 años
   3. 400 años

9. ¿Cómo trataría ese país a los descendientes de Abram? (15:13)
   1. Serían esclavos y oprimidos allí.
   2. Los tratarían bien.
   3. Los tratarían como gente común.

10. ¿Cuándo aparecieron un horno humeando y una antorcha de fuego? (15:17)
   1. Al mediodía
   2. Cuando se puso el sol
   3. En la mañana del día siguiente

LECCIÓN 9

Génesis 21:1-6; 22:1-18
El Amor Es Probado

Comentario Bíblico

Dios cambió el nombre de Abram en el capítulo 17, al confirmar el pacto. Abram era entonces Abraham. El capítulo 21 habla del hijo esperado, Isaac, que le nacería a Sarai. El nombre de ella cambió a Sara.

Jehová puso a prueba la devoción de Abraham. Le pidió que sacrificara a Isaac como una ofrenda de adoración a Dios. Recuerde que Isaac no era tan solo el hijo amado de Abraham, sino el medio por el cual Dios pensaba cumplir su promesa a Abraham.

Génesis 22:8-12 relata el recorrido de Abraham que fue muy emotivo para él. Primero, Abraham creyó que Dios proveería un sacrificio. Segundo, Abraham planeaba llevar a cabo el sacrificio. Finalmente, Jehová vio la total devoción de Abraham. Éste no le rehusó nada a Dios, incluyendo a su hijo Isaac.

Cuando Dios vio la gran fe de Abraham, le confirmó las bendiciones que vendrían. Dios también prometió que, debido a la obediencia de Abraham, Él bendeciría a todas las naciones. Abraham mostró que la fe de Dios en él era digna del pacto y de las bendiciones que Él prometió.

Palabra Relacionada Con Nuestra Fe

confianza – Completa dependencia en Dios y sus promesas; la creencia en que Dios hará lo que ha dicho.

Actividad

Para esta actividad necesitará lo siguiente:

- Un cronómetro o reloj
- Muestras de cosas que son importantes para los niños
- Lapiceros (bolígrafos) o lápices

Antes de la clase, ponga sobre la mesa las cosas que son importantes para los niños. Estos son artículos que ellos podrían sacrificar por una semana para demostrar su amor a Dios. Provea una amplia variedad de artículos. Éstos representarán lo que los niños podrían sacrificar.

Diga: **En la lección de hoy, Dios cumplió su pacto con Abraham cuando le dio el hijo prometido. Abraham confió fielmente en Dios. ¿Alguna vez ustedes tuvieron que esperar mucho tiempo para que alguien cumpla una promesa?**

Dios probó a Abraham cuando le pidió que sacrificara a su hijo. Abraham mostró su amor a Dios por medio de su disposición para hacer lo que Él le pidió.

Muestre algunos de los artículos que están sobre la mesa. Pregunte: **¿Cuáles de estas cosas serían especiales para ustedes?** (Dé tiempo para que los niños respondan.) **¿Qué pasaría si Dios les pidiera que le muestren cuánto lo aman? ¿Dejarían algo que es muy importante para ustedes? ¿Qué harían?**

Entregue un pedazo de papel y un lapicero o lápiz a cada niño. Anímelos a escribir un poema o hacer un dibujo que muestre cómo se siente uno al sacrificar algo para Dios.

Lección Bíblica

Prepare una historia bíblica basada en el pasaje bíblico de la lección. Los niños entenderán mejor la lección si les relata la historia en vez de leérselas.

Después de la lección, anime a los niños a dialogar sobre la historia haciéndoles las siguientes preguntas. Esto les ayudará para que la apliquen a sus vidas. Es posible que no haya una respuesta correcta o errada.

1. **¿Qué nos dice lo que hizo Abraham acerca de su fe en Dios?**

2. **¿Qué nos enseña la fe de Abraham acerca de lo que Dios desea de nosotros?**

3. ¿Qué es lo que les sería más difícil sacrificar?

Diga: **Abraham esperó muchos años por un hijo. Después que nació Isaac, Dios le pidió a Abraham que lo sacrificara.** Si a los niños les preocupa que Dios pidiera a alguien sacrificar a un hijo, explíqueles que este fue un evento especial. Fue la única vez que Dios pidió esto a alguien. **Abraham no podía entender lo que Dios pensaba hacer, pero lo obedeció totalmente. Como resultado, Dios prometió bendecir a Abraham y a su familia.**

Dios quiere que nosotros tengamos la misma clase de fe y la misma clase de confianza en Él.

Versículo Para Memorizar

Enseñe un versículo para memorizar (p. 111). Encontrará sugerencias de Actividades para Enseñar el Versículo para Memorizar en página 110.

Actividades Adicionales

Elija una de las siguientes opciones para que los niños mejoren su estudio de la Biblia.

- Ayude a los niños a comparar y ver las diferencias entre el sacrificio que hizo Abraham con el sacrificio que Dios hizo por nosotros.

- Poniéndose en el lugar de Abraham, escriban lo que él pudiera haber escrito en su diario el día antes y el día después del sacrificio en el monte.

- Realice los juegos en este libro que tengan relación con esta lección.

PREGUNTAS

1. ¿Qué sucedió en el tiempo que Dios había dicho? (21:2)
   1. **Abraham y Sara tuvieron un hijo.**
   2. Los cananeos se fueron de esa tierra.
   3. Ambas respuestas son correctas.

2. ¿Qué nombre pusieron Abraham y Sara a su hijo? (21:3)
   1. Abimelec
   2. David
   3. **Isaac**

3. ¿A dónde pidió Dios que Abraham llevara a su hijo? (22:2)
   1. A visitar a Lot
   2. **A la tierra de Moriah**
   3. A Harán

4. ¿Qué pidió Dios que hiciera Abraham en Moriah? (22:2)
   1. **Ofrecer en holocausto a Isaac**
   2. Reunirse con los cananeos
   3. Ambas respuestas son correctas.

5. ¿Quiénes fueron con Abraham a Moriah? (22:3)
   1. Isaac
   2. Dos siervos
   3. **Ambas respuestas son correctas.**

6. ¿Quién preguntó: "Dónde está el cordero para el holocausto?" (22:7)
   1. Abraham
   2. **Isaac**
   3. Los siervos

7. ¿Qué pasó con Isaac después que Abraham edificó el altar? (22:9)
   1. Isaac huyó de Abraham.
   2. Isaac se sentó y no quiso moverse.
   3. **Abraham ató a Isaac y lo puso en el altar.**

8. ¿Quién detuvo a Abraham antes que sacrificara a Isaac? (22:11-12)
   1. Los siervos
   2. **El ángel de Jehová**
   3. Sara

9. ¿Qué proveyó Jehová para el holocausto? (22:13)
   1. **Un carnero**
   2. Una cabra
   3. Un asno

10. ¿Qué dijo el ángel de Jehová acerca de la disposición de Abraham para sacrificar a su hijo? (22:16-17)
    1. Dios iba a bendecir a Abraham.
    2. Abraham tendría mucha descendencia.
    3. **Ambas respuestas son correctas.**

LECCIÓN 10

Génesis 24:1-4, 10-21, 28-33, 50-54, 61-67
Aquí Viene la Novia

Comentario Bíblico

El pacto de Dios con Abraham continuó con Isaac. Era la prioridad máxima. Era importante que Isaac hallara una buena esposa para que continuara la promesa de Dios de muchos descendientes para Abraham. Esto permitiría que Isaac cumpliera su papel en el pacto de Dios.

La guía de Dios influyó en Rebeca y su familia. Ellos dieron una respuesta afirmativa a la pregunta: "¿Irá Rebeca con este varón?" Cada uno de ellos tuvo que hacer una decisión. ¿Confiarían en Dios? No sabemos qué motivó a cada persona. Sin embargo, la Biblia indica que cada uno fue obediente en los pasos que llevaron al casamiento de Isaac y Rebeca.

Por medio de este pasaje, los niños aprenden que a Dios le interesa la vida diaria de ellos, y que Dios quiere ayudarles a hacer las decisiones correctas.

Actividad

Dirija el juego "Maestro [Maestra], ¿puedo...?" Para iniciar el juego, el maestro se para en un extremo del salón mientras que los niños forman una fila en el otro extremo. Los niños se turnan para preguntar: "Maestro, ¿puedo...?" y sugieren un movimiento. Por ejemplo, un niño pregunta: "Maestro, ¿puedo dar cinco pasos largos adelante?" El líder entonces responde: "Sí, puedes" o "No, no puedes, pero puedes dar cinco pasos pequeños". El maestro hace su propia sugerencia. Los niños generalmente procuran avanzar para acercarse al líder, pero a veces las instrucciones del maestro los alejan más. Aunque el líder dé una sugerencia no favorable, el niño debe cumplirla. El primer niño que alcance al líder gana el juego.

Estas son algunas sugerencias de movimientos:

- Da 3 pasos adelante. (Use cualquier número.)
- Da 2 pasos atrás. (Use cualquier número.)
- Da 5 pasos largos adelante. (Es mejor indicar un número bajo porque los pasos serán grandes.)
- Da 12 pasitos adelante. (Es mejor indicar un número alto porque los pasos serán pequeños.)
- Salta adelante 5 veces como rana. (Use cualquier número.)
- Corre adelante mientras cuentas hasta cinco. (Use cualquier número.)

Repitan el juego si tienen tiempo.

Diga: **En este juego ustedes pedían permiso al líder y decidían seguir al líder. Lo hacían aunque la voluntad del líder a veces no era lo que ustedes querían. En la historia de hoy, aprenderemos cómo varias personas hicieron decisiones que estaban en la voluntad de Dios.**

Lección Bíblica

Prepare una historia bíblica basada en el pasaje bíblico de la lección. Los niños entenderán mejor la lección si les relata la historia en vez de leérselas.

Después de la lección, anime a los niños a dialogar sobre la historia haciéndoles las siguientes preguntas. Esto les ayudará para que la apliquen a sus vidas. Es posible que no haya una respuesta correcta o errada.

1. **¿Alguna vez esperaron mucho tiempo para recibir algo que deseaban? ¿Valió la pena esperar?**

2. **¿Por qué era importante que Dios le proveyera una esposa para Isaac?**

3. **¿Quién hizo una buena decisión en esta historia y cuál fue la decisión?** (Puede haber varias respuestas correctas.)

4. **¿Cómo se relaciona el versículo para memorizar, Salmos 32:8, con esta historia?**

Diga: **Dios estaba interesado en las vidas de Abraham, Isaac y Rebeca. Dios también está interesado en la vida de ustedes. Pueden pedir a Dios que les ayude a tomar buenas decisiones. Una de las cosas que aprendieron en Génesis es que Dios es fiel y Él cumple sus promesas. Dios los conoce y sabe qué es lo que necesitan. Cuando tengan que decidir, pueden pedir a Dios que les ayude a tomar una buena decisión.**

Versículo Para Memorizar

Enseñe un versículo para memorizar (p. 111). Encontrará sugerencias de Actividades para Enseñar el Versículo para Memorizar en página 110.

Actividades Adicionales

Elija una de las siguientes opciones para que los niños mejoren su estudio de la Biblia.

1. Diga: **Pretendan que son Rebeca. Escriban lo que ella habría escrito en su diario, diciendo cómo se sintieron cuando se encontraron con el siervo y les dio esos regalos caros. ¿Cómo se sentirían en cuanto a ir a una tierra diferente para casarse con un desconocido? Pretendan que son el siervo. ¿Qué habrían pensado y cómo hubiesen reaccionado?**

2. Investiguen cuáles eran las costumbres para las bodas en el Antiguo Testamento o hablen de cómo han cambiado las costumbres para las bodas en su país.

   • Comparen una boda actual en su ciudad con la boda de Rebeca.

   • ¿Cuáles son las semejanzas? ¿Cuáles son las diferencias?

3. Realice los juegos en este libro que tengan relación con esta lección.

PREGUNTAS

1. ¿Por qué Abraham envió a su principal criado a la tierra de su parentela? (24:4)
   1. Para que le trajese a su padre al volver
   2. **Para tomar mujer para su hijo Isaac**
   3. Para adorar a Dios en su tierra

2. ¿Qué pidió el criado a Dios cuando llegó al pozo de Nacor? (24:11-12)
   1. **Tener un buen encuentro**
   2. Descanso para los camellos
   3. Ambas respuestas son correctas.

3. ¿Por qué el criado le pidió agua a Rebeca? (24:13-14)
   1. **Quería saber si ella era la mujer que Dios había destinado para Isaac.**
   2. Ella era la única que hablaba el idioma de él.
   3. Ella era la única que estaba en el pozo.

4. ¿Por qué Labán corrió afuera para encontrarse con el criado? (24:28-31)
   1. Rebeca corrió a su casa y dijo a su familia lo sucedido.
   2. Labán preparó la casa para él y un lugar para los camellos.
   3. **Ambas respuestas son correctas.**

5. ¿Qué dijeron Labán y Betuel después que el criado explicó por qué había ido? (24:50)
   1. **"De Jehová ha salido esto".**
   2. "No permitiremos que Rebeca se vaya contigo".
   3. Ambas respuestas son correctas.

6. ¿Qué dio el criado a Rebeca y su familia? (24:53)
   1. Alhajas de plata y de oro
   2. Vestidos y cosas preciosas
   3. **Ambas respuestas son correctas.**

7. ¿Cuándo se fue Rebeca con el criado? (24:54)
   1. Una semana después
   2. **De mañana el día siguiente**
   3. Diez días después

8. ¿Dónde estaba Isaac cuando Rebeca lo vio? (24:63-64)
   1. **En el campo, meditando**
   2. En su tienda, comiendo
   3. En el río, pescando

9. ¿Qué hizo el criado cuando vio a Isaac? (24:66)
   1. Oró a Dios.
   2. **Contó a Isaac todo lo que había hecho.**
   3. Ambas respuestas son correctas.

10. ¿Cómo se sintió Isaac después que se casó con Rebeca? (24:67)
    1. La amó.
    2. Se consoló después de la muerte de su madre.
    3. **Ambas respuestas son correctas.**

LECCIÓN 11

Génesis 25:5-11, 19-34
¡Son Mellizos!

Comentario Bíblico

El capítulo 25 y los subsecuentes desarrollan dos temas principales. El primero es el paso del pacto de una generación a la siguiente. El segundo es la lucha entre dos hermanos. Después de la muerte de Abraham, Dios bendijo a Isaac, quien llegó a ser el heredero de la siguiente generación. Esaú era el próximo en el linaje para ser el heredero de la familia y del pacto con Dios. Pero, debido a la astucia de Jacob, Esaú descuidadamente vendió su futuro por una comida (25:34).

Las dinámicas y las relaciones familiares son los temas principales de esta lección. Esta familia enfrenta muerte, nacimientos, engaño, favoritismo, lucha por el poder, relaciones rotas e indicios de discordia marital. Al seguir la historia de esta familia, a veces Dios parece estar al frente y otras veces parece quedar atrás. Sin embargo, Él trabajó con esta familia aunque a veces era disfuncional.

Palabras Relacionadas Con Nuestra Fe

- **promesa** – La afirmación de que alguien hará algo. En la Biblia, Dios hizo promesas y siempre las cumplió.

- **juramento** – Una promesa firme en la que alguien pide a Dios que actúe como testigo del juramento y que juzgue a la persona si lo quebranta.

- **primogenitura** – El privilegio que pertenece al primer hijo de una familia. Significaba que el hijo mayor recibía influencia y una porción doble de la herencia al morir su padre. El hijo mayor sería el próximo líder de la familia.

Actividad

Para esta actividad necesitará lo siguiente:

- Una hoja de papel
- Un tazón
- Una cuchara

Antes de la clase, corte el papel en cinco pedazos. Corte cada pedazo de papel en una forma particular para representar un trozo de carne. En cada papel escriba una de las preguntas que encontrará abajo. No escriba allí las respuestas. Puede preparar preguntas adicionales. Esconda los pedazos de papel en distintos lugares del salón.

- ¿Acostumbraban Esaú y Jacob competir entre ellos a menudo? (Sí, incluso antes de nacer.)

- ¿Cuál era el hijo favorito de Isaac? (Esaú)

3. ¿Cuál era el hijo favorito de Rebeca? (Jacob)

- ¿Cuáles son algunos problemas que hacen que los hermanos o las hermanas peleen? (Dé tiempo para que los niños respondan.)

- ¿Cómo engañó Jacob a Esaú? (Jacob convenció a Esaú para que le vendiera su primogenitura por un guiso.)

Diga: **En el salón hay algunos pedazos de papel que tienen la forma de un trozo de carne. Cada uno tiene escrita una pregunta. Encuentren los pedazos de papel y pónganlos en este tazón.**

Cuando los niños hayan encontrado los papeles, elija a un voluntario para que los revuelva en el tazón con la cuchara. Llame a otro voluntario para que saque una pregunta y la responda. Repita esto hasta que contesten todas las preguntas. Si los niños no conocen la historia, complete la actividad después de haber relatado la lección bíblica. Puede combinar las preguntas de esta actividad con las preguntas de la siguiente sección.

Lección Bíblica

Prepare una historia bíblica basada en el pasaje bíblico de la lección. Los niños entenderán mejor la lección si les relata la historia en vez de leérselas.

Después de la lección, anime a los niños a dialogar sobre la historia haciéndoles las siguientes preguntas. Esto les ayudará para que la apliquen a sus vidas. Es posible que no haya una respuesta correcta o errada.

1. **En su opinión, ¿cómo se sentiría Jacob al saber que Esaú era el hijo favorito de Isaac?**

2. **En su opinión, ¿cómo se sentiría Esaú al saber que Jacob era el hijo favorito de Rebeca?**

3. **¿Cuáles eran algunas de las características de Jacob?**

4. **¿Cómo se sienten ustedes cuando su hermano, hermana, amigo o amiga les engañan?**

Diga: **Dios cumplió Su promesa a Isaac. Él bendijo a Rebeca con dos hijos en vez de uno. Sin embargo, los dos hijos peleaban y competían entre sí. Jacob incluso tomó ventaja de su hermano mayor para obtener su primogenitura. Esaú vendió su primogenitura por un plato de guiso.**

Esta historia ocurrió en los tiempos del Antiguo Testamento. Pero, los problemas familiares aún suceden ahora. Dios todavía es fiel, aun cuando los miembros de una familia tengan luchas. Dios siempre cumple Su promesa de estar con nosotros y ayudarnos en las situaciones difíciles.

Versículo Para Memorizar

Enseñe un versículo para memorizar (p. 111). Encontrará sugerencias de Actividades para Enseñar el Versículo para Memorizar en página 110.

Actividades Adicionales

Elija una de las siguientes opciones para que los niños mejoren su estudio de la Biblia.

- Escoja a dos voluntarios en la clase. Pida que el primero represente a Esaú y el segundo a Jacob. Indique a los niños que dramaticen el momento cuando Esaú le vendió su primogenitura a Jacob.
- Dé oportunidad para que los niños cuenten algunas maneras en que Dios ayudó a sus familias. Haga una lista de esas historias. Use la lista para mostrar a los niños que Dios cumple también Sus promesas en este tiempo.
- Realice los juegos en este libro que tengan relación con esta lección.

PREGUNTAS

1. *¿Qué sucedió después que murió Abraham? (25:8-10)*
   1. Isaac se fue a la tierra de la familia de Rebeca.
   2. **Ismael e Isaac sepultaron a Abraham con Sara.**
   3. Ambas respuestas son correctas.

2. *¿Por qué Isaac oró a Jehová por Rebeca? (25:21)*
   1. **Ella era estéril.**
   2. Ella quería ver a su familia.
   3. Ambas respuestas son correctas.

3. *¿Qué le dijo Jehová a Rebeca acerca de sus hijos? (25:23)*
   1. Serán divididos.
   2. El mayor servirá al menor.
   3. **Ambas respuestas son correctas.**

4. *¿Cómo se llamaban los mellizos de Rebeca? (25:24-26)*
   1. Isaac y Labán
   2. Isaac y Esaú
   3. **Esaú y Jacob**

5. *¿Cuál de estas afirmaciones sobre Esaú es verdadera? (25:27)*
   1. Era granjero y le gustaban los campos.
   2. **Era diestro en la caza, hombre del** campo.
   3. Era varón quieto que habitaba entiendas.

6. *¿Cuál de estas afirmaciones sobre Jacob es verdadera? (25:27)*
   1. **Era varón quieto que habitaba en tien**das.
   2. Era pescador y le gustaba el río.
   3. Era diestro en la caza, hombre del campo.

7. *¿Cuándo dijo Jacob a Esaú: "Véndeme en este día tu primogenitura? (25:29-31)*
   1. Cuando Esaú volvió cansado a la casa
   2. Cuando Esaú le pidió a Jacob del guiso
   3. **Ambas respuestas son correctas.**

8. *¿Por qué Esaú dijo que iba a morir? (25:30, 32)*
   1. Estaba herido.
   2. **Tenía hambre.**
   3. Estaba enfermo.

9. *¿Cómo le vendió Esaú su primogenitura a Jacob? (25:33)*
   1. **Él le juró.**
   2. Él firmó un papel.
   3. Él juntó un montón de piedras.

10. *¿Qué menospreció Esaú? (25:34)*
    1. La vida de un cazador
    2. El alimento que comió
    3. **La primogenitura**

LECCIÓN 12

Génesis 27:1-41
¡Engañado!

Comentario Bíblico

¿Qué sucedió con la familia de Isaac? Tuvieron muchos problemas. Hubo contiendas con los vecinos en cuanto a los pozos. Isaac mintió al rey de los filisteos y dijo que Rebeca era su hermana, no su esposa. Esaú se casó con dos mujeres heteas que "fueron amargura de espíritu para Isaac y para Rebeca". La familia mentía y era egoísta. Rebeca aprovechó la ceguera de Isaac para dar ventaja a Jacob en el lugar de Esaú.

La manera en que Jacob recibió su bendición fue otro engaño. Jacob obtuvo posesiones materiales por medio de la primogenitura de Esaú. Luego obtuvo las bendiciones espirituales de Dios mediante la bendición de Isaac.

La familia de Abraham tuvo muchos problemas, incluyendo traición entre esposo y esposa y entre hermanos. La traición resultó en el plan de Esaú para matar a Jacob. Isaac y Rebeca enviaron a Jacob a la tierra de Rebeca. De este modo la familia se separó.

En este pasaje hay varios ejemplos de personas que hicieron malas decisiones. Dios no intervino cuando Jacob engañó a Esaú. Sin embargo, Dios no es débil y la gente no puede manipularlo. Dios elige darnos la libertad para decidir y permite que suframos las consecuencias. En próximas lecciones los niños aprenderán cómo obró Dios con Jacob para lograr Sus propósitos.

Palabras Relacionadas Con Nuestra Fe

- **libre albedrío** – La capacidad y libertad para decidir. Dios da libre albedrío a todos.

- **la bendición** – Un pacto que Dios estableció entre Él y Abraham. Abraham la pasó a Isaac, que era el heredero reconocido de Abraham. Jacob engañó a su padre y a su hermano. Como resultado, Isaac pasó la bendición a Jacob.

Actividad

Para esta actividad necesitará lo siguiente:

- Un pedazo de tela para vendar los ojos

Escoja a un niño como voluntario. Pídale que se siente en el centro del salón. Cúbrale los ojos con la venda.

Diga: **Isaac estaba ciego. Rebeca y Jacob tomaron ventaja de la ceguera de Isaac. Hoy nuestro voluntario tratará de reconocer a las personas sin usar sus ojos.**

Pida a uno de los niños que se siente frente al que tiene los ojos vendados. Éste podrá tocar los brazos o la cara del otro niño. Luego, pida al niño vendado que adivine quién es el otro niño. Repita esto con todos los alumnos. Use un papel y lápiz para anotar cuántas veces acierta.

Diga: **Muchas veces no sabemos si una decisión es buena o mala. Aunque tengamos evidencias, aún así tal vez hagamos una mala decisión.**

Diga: **Vamos a repetir la actividad. Esta vez lo haremos en forma diferente. Si la persona que tiene los ojos vendados no puede decidir quién está frente a él o ella, después de dos oportunidades le podrá preguntar a otra persona. Esta persona dirá quién está frente al que debía adivinar.**

Elija a un niño para que dé la respuesta a quien tenga los ojos vendados. Repita la actividad, pero use sólo a dos niños esta vez. Coloque a uno frente al que tiene los ojos vendados. Dé a éste dos oportunidades para que trate de adivinar. Si se equivoca, permita que el niño designado diga el nombre.

Diga: **Cuando tenemos que hacer decisiones difíciles, necesitamos ayuda. Es importante que le pidamos a Dios que nos ayude en esas decisiones. Él nos ayudará cuando se lo pidamos.**

Lección Bíblica

Prepare una historia bíblica basada en el pasaje bíblico de la lección. Los niños entenderán mejor la lección si les relata la historia en vez de leérselas.

Después de la lección, anime a los niños a dialogar sobre la historia haciéndoles las siguientes preguntas. Esto les ayudará para que la apliquen a sus vidas. Es posible que no haya una respuesta correcta o errada.

1. **Rebeca ideó un plan para que Jacob le robara la bendición a Esaú. ¿Por qué Jacob aceptó participar?**
2. **A veces nuestros amigos nos animan a hacer algo malo. Cuando eso sucede, ¿qué les dicen ustedes?**
3. **Jacob engañó a Isaac. ¿Alguna vez alguien los engañó a ustedes? ¿Cómo se sintieron?**
4. **Esaú quería matar a Jacob por lo que le hizo. Cuando alguien les hace algo malo, ¿cómo reaccionan ustedes? ¿Es fácil perdonar a otros? ¿Dónde encuentran la fuerza para perdonar?**

Diga: **Hemos estudiado una historia bíblica asombrosa. Tenía elementos de fraude y engaño. Aprendimos que Dios nos permite hacer decisiones. Estas decisiones afectan nuestro futuro. Jacob hizo una mala decisión que tuvo un efecto permanente. Sin embargo, Dios permaneció fiel a Su pacto. Hoy en día Dios nos permite hacer decisiones. Lo que decidamos afectará nuestro futuro.**

Versículo Para Memorizar

Enseñe un versículo para memorizar (p. 111). Encontrará sugerencias de Actividades para Enseñar el Versículo para Memorizar en página 110.

Actividades Adicionales

Elija una de las siguientes opciones para que los niños mejoren su estudio de la Biblia.

1. Como clase, hagan juntos una lista de decisiones que los niños enfrentarán. Estas pudieran ser tentaciones que experimenten en su casa, en la escuela o con sus amigos. Al ver cada opción, hablen de cuáles podrían ser las consecuencias en el futuro de cada decisión.
2. Diga: **Jacob decidió participar en el plan de Rebeca para engañar a Isaac. Imaginen que Jacob hubiese decidido no participar. ¿Cuáles habrían sido algunas posibles consecuencias de esa decisión? ¿Qué cosas habrían sido diferentes en esta historia?**
3. Realice los juegos en este libro que tengan relación con esta lección.

PREGUNTAS

1. *¿Qué pidió Isaac que hiciera Esaú? (27:3-4)*
   1. Que excavara un pozo nuevo
   2. Que pidiese a Jacob que le llevara una cabra
   3. **Que le trajese caza y le hiciera un guisado**

2. *¿Qué quería hacer Isaac a Esaú? (27:6-7)*
   1. Darle comida
   2. **Bendecirlo**
   3. Darle ropa nueva

3. *¿Qué hizo Rebeca después que oyó la conversación de Isaac y Esaú? (27:8-10)*
   1. **Le dijo a Jacob que le llevara viandas a Isaac.**
   2. Ayudó a Esaú a preparar el guisado que él llevó.
   3. Ambas respuestas son correctas.

4. *¿Cómo engañaron Rebeca y Jacob a Isaac?(27:15-17)*
   1. Hicieron creer a Isaac que Jacob era Esaú.
   2. Le sirvieron guisados y pan a Isaac mientras Esaú cazaba.
   3. Ambas respuestas son correctas.

5. *¿Qué dijo Isaac cuando palpó a Jacob? (27:22)*
   1. "La voz es la voz de Esaú".
   2. **"La voz es la voz de Jacob".**
   3. "Las manos son las manos de Jacob".

6. *¿Qué pasó cuando Esaú volvió de cazar? (27:30-31)*
   1. **Esaú preparó también guisados para servirle a Isaac.**
   2. Jacob bendijo a Esaú.
   3. Ambas respuestas son correctas.

7. *¿Por qué Isaac se estremeció grandemente? (27:33, 35-36)*
   1. **Se dio cuenta de que había bendecido a Jacob.**
   2. El guisado le hizo enfermar.
   3. Ya no podía ver nada.

8. *¿Cómo engañó Jacob a Esaú? (27:36)*
   1. Se apoderó de la primogenitura de Esaú.
   2. Tomó la bendición de Esaú.
   3. **Ambas respuestas son correctas.**

9. *¿Dónde dijo Isaac que Esaú habitaría? (27:39)*
   1. En grosuras de la tierra
   2. Del rocío de los cielos de arriba
   3. **Ambas respuestas son correctas.**

10. *¿Cuándo planeaba Esaú matar a Jacob? (27:41)*
    1. A la mañana siguiente
    2. Cuando Jacob se olvidara de lo que hizo
    3. **Cuando muriera su padre**

LECCIÓN 13

Génesis 28:10-22; 29:14b-30
Un Nuevo Comienzo

Comentario Bíblico

Rebeca le dijo a Jacob que huyese de Esaú. Jacob fue a Harán, la tierra de su madre, para vivir con Labán, hermano de Rebeca.

Mientras Jacob viajaba, tuvo un encuentro con Jehová. Él le confirmó a Jacob que lo bendeciría, aunque éste había engañado a su hermano para obtener la bendición. Esa era la misma bendición que Dios le había dado a Abraham y a Isaac.

Jacob llegó a salvo a su destino y Labán lo recibió. Al principio, la relación entre Labán y Jacob fue buena. Jacob intercambió su trabajo por el privilegio de casarse con Raquel, hija de Labán.

Al igual que Jacob, Labán era alguien que engañaba a otros. Secretamente Labán sustituyó a Lea por Raquel como esposa de Jacob. Entonces Jacob aceptó trabajar siete años más por Raquel.

A pesar de las fallas de Jacob, Dios cumplió Su pacto con él. Esta lección muestra que Dios puede lograr Sus propósitos a pesar de las decisiones de la gente.

Palabras Relacionadas Con Nuestra Fe

- **decisiones** – Lo que determinamos hacer en una situación. Hacemos buenas decisiones cuando obedecemos a Dios. Hacemos malas decisiones cuando desobedecemos a Dios.

- **adoración** – Honra o reverencia a Dios. Cuando adoramos a Dios, declaramos que Él es el que gobierna nuestras vidas.

- **descendencia** – Los hijos de una persona o de sus hijos.

Actividad

Para esta actividad necesitará lo siguiente:

- Una piedra grande
- Varios pedazos pequeños de papel
- Marcadores, lápices o crayolas
- Cinta adhesiva

Antes de la clase, coloque la piedra en el centro del salón. Si es posible, colóquela en forma vertical.

Diga: **Jacob puso una piedra en Betel como recordatorio de su conversación con Dios. En la conversación, Dios le dijo a Jacob que Él lo cuidaría dondequiera que fuese. Dios cuida también de nosotros. Piensen en una ocasión cuando necesitaban algo y Dios se los proveyó a ustedes o a su familia. En un papel escriban brevemente lo que Dios les proveyó. Luego pegaremos esos papeles a nuestra piedra y le diremos "Gracias" a Dios.**

Después que los niños hayan pegado sus papeles, pida que algunos voluntarios digan lo que escribieron. Diga: **Esta piedra es un recordatorio de todo lo que Dios ha provisto para nosotros. Dios es fiel con nosotros aunque a veces lo decepcionamos. Él nos provee y nos habla. Hoy aprenderemos más acerca de una ocasión especial cuando Dios le habló a Jacob.**

Lección Bíblica

Prepare una historia bíblica basada en el pasaje bíblico de la lección. Los niños entenderán mejor la lección si les relata la historia en vez de leérselas.

Después de la lección, anime a los niños a dialogar sobre la historia haciéndoles las siguientes preguntas. Esto les ayudará para que la apliquen a sus vidas. Es posible que no haya una respuesta correcta o errada.

1. Un monumento nos ayuda a recordar a alguien o algo importante. Jacob usó una piedra como monumento para recordar la provisión de Dios para él. ¿De qué otras maneras podemos recordar cómo Dios proveyó para nosotros?

2. ¿Cómo se sintió Jacob cuando Labán lo engañó? ¿Cómo creen que el engaño de Labán hizo que se sintiera Jacob sobre el modo en que trató a Esaú?

3. Dios le habló a Jacob usando un sueño. ¿Cómo habla Dios a la gente hoy? ¿Cómo podemos aprender a escuchar a Dios?

Diga: **Dios usó un sueño para comunicarse con Jacob. En el sueño, Dios le dijo a Jacob que todas las promesas de Dios se cumplirían. Jacob prometió a Dios que lo adoraría y que le daría el diezmo de todo lo que poseyera.**

¿Cómo nos envía mensajes Dios en este tiempo? Él puede usar una voz interior, la Biblia, un canto, una lección, un sermón o la amistad con otros cristianos. Hay otras formas en que Dios puede hablarnos. Debemos aprender a escuchar lo que Dios quiere decirnos.

Versículo Para Memorizar

Enseñe un versículo para memorizar (p. 111). Encontrará sugerencias de Actividades para Enseñar el Versículo para Memorizar en página 110.

Actividades Adicionales

Elija una de las siguientes opciones para que los niños mejoren su estudio de la Biblia.

1. Diga: **Jacob vio una escalera que llevaba de la tierra al cielo. ¿Cómo piensan que era esa escalera?** Como clase, hagan un dibujo de la escalera. Pida sugerencias de la clase.

2. Diga: **Jacob trabajó para Labán durante 14 años para poder casarse con Raquel. ¿Fue sabio lo que él hizo? ¿Por qué? Piensen en algo que ustedes realmente desearían. ¿Están dispuestos a trabajar mucho para obtenerlo? ¿Por qué?**

3. Realice los juegos en este libro que tengan relación con esta lección.

PREGUNTAS

1. *¿Dónde vio Jacob la escalera? (28:10-12)*
   1. En el camino a Harán
   2. En su sueño
   3. **Ambas respuestas son correctas.**

2. *¿Quién le habló a Jacob en su sueño? (28:12-13)*
   1. Rebeca
   2. **Jehová**
   3. Esaú

3. *¿De quiénes dijo Dios que serían como el polvo de la tierra? (28:14)*
   1. **La descendencia de Jacob**
   2. Los enemigos de Jacob
   3. Los amigos de Jacob

4. *¿Qué hizo Jacob cuando despertó? (28:20)*
   1. Volvió a su casa.
   2. **Hizo voto a Dios.**
   3. Ambas respuestas son correctas.

5. *¿Qué le pidió Jacob a Dios? (28:20)*
   1. Que fuera con él y lo guardara
   2. Que le diera pan para comer y vestido para vestir
   3. **Ambas respuestas son correctas.**

6. *¿Con quién se quedó Jacob en Harán? (29:14)*
   1. Esaú
   2. **Labán**
   3. Rebeca

7. *¿Con quién quería casarse Jacob? (29:18)*
   1. **Raquel**
   2. Lea
   3. Zilpa

8. *¿A quién dio primero Labán a Jacob como esposa? (29:23)*
   1. Bilha
   2. Raquel
   3. **Lea**

9. *¿Cuántos años más trabajó Jacob por Raquel? (29:27)*
   1. **7 años más**
   2. 2 años más
   3. 5 años más

10. *¿A quién amó más Jacob? (29:30)*
    1. Lea
    2. **Raquel**
    3. Bilha

LECCIÓN 14

Génesis 37:1-36
El Peligro y el Soñador

Comentario Bíblico

En las lecciones 12 y 13 vimos el engaño de Jacob. En esta lección, veremos las consecuencias negativas de sus acciones.

Génesis 29–37 habla de la vida de Jacob: su relación tensa con Labán, su riqueza y el reencuentro con Esaú. Se casó con dos hermanas y fue padre de once hijos con cuatro mujeres. Después de su lucha, Jehová cambió el nombre de Jacob a Israel.

Jacob cometió muchos errores. Engañó a Esaú (27:36) y Labán lo engañó a él (29:25). Jacob mintió a Isaac (27:19) y Jacob creyó la mentira que le dijeron sus hijos (37:32).

El casamiento de Jacob con Raquel y Lea causó tensión entre las hermanas. Jacob amó a Raquel más que a Lea. El favoritismo de Jacob por José hizo que sus otros hijos se enojaran. Dios cumplió Su promesa a Jacob, pero éste no fue tan fiel como su abuelo Abraham.

Ayude a los niños a entender que la rivalidad entre hermanos y la mentira tienen efectos negativos. Las consecuencias negativas de las malas decisiones no se pueden cambiar, pero la gente puede aprender de sus errores y de los errores de otros.

Palabras Relacionadas Con Nuestra Fe

- **guardar luto** – Mostrar tristeza cuando muere alguien.
- **las doce tribus de Israel** – Los 12 hijos de Israel (Jacob) fueron los ancestros del pueblo de Israel: Rubén, Simeón, Leví, Judá, Dan, Neftalí, Gad, Aser, Isacar, Zabulón, José y Benjamín. La tribu de Leví era especial y servía en el templo de Dios. La descendencia de José se dividió en las dos tribus de sus hijos, Efraín y Manasés. **cisterna** – Hoyo profundo donde se alma- cenaba agua.
- **pieza de plata** – La pieza o siclo era una unidad de peso, de 10 gramos aproximadamente. Los hermanos de José lo vendieron como esclavo por 20 piezas de plata.

Actividad

Para esta actividad necesitará lo siguiente:
- Una mesa pequeña
- Dos sillas

Antes de la clase, coloque la mesa en el centro del salón, con las dos sillas en lados opuestos.

Divida la clase en dos equipos. Diga: **Ahora participaremos en un juego. Cada equipo enviará a una persona a la mesa. Ambos pondrán las dos manos sobre la mesa. Luego haré una pregunta. Si saben la respuesta, levanten la mano. La primera persona que levante la mano podrá responder la pregunta. Si la respuesta es correcta, su equipo ganará un punto.**

Después otros dos jugadores se sentarán a la mesa y recibirán otra pregunta. Jugaremos hasta responder todas las preguntas. Al final, ¡ganará el equipo que tenga el puntaje más alto!

Use las siguientes preguntas. Puede preparar más preguntas si es necesario.

- **¿Cómo se sentirían si tuviesen muchos hermanos que los odien?** (Acepte cualquier respuesta que sea razonable.)
- **¿Por qué los hermanos de José lo odiaban?** (Jacob lo amaba más que a los otros hijos.)
- **¿Qué significaban los sueños de José?** (Un día José gobernaría sobre su padre y sus hermanos.)
- **¿Qué le hicieron a José sus herma- nos?** (Lo vendieron a mercaderes ismaelitas o madianitas que lo llevaron a Egipto.)
- **¿Cómo lo engañaron a Jacob sus hijos?** (Le hicieron creer que un animal había matado a José.)

Lección Bíblica

Prepare una historia bíblica basada en el pasaje bíblico de la lección. Los niños entenderán mejor la lección si les relata la historia en vez de leérselas.

Después de la lección, anime a los niños a dialogar sobre la historia haciéndoles las siguientes preguntas. Esto les ayudará para que la apliquen a sus vidas. Es posible que no haya una respuesta correcta o errada.

1. **¿Por qué los hermanos de José le tenían envidia? ¿Alguna vez han tenido envidia de algún amigo o amiga? ¿Cómo se comportaron ustedes con esa persona?**

2. **¿Cómo se sentía José en cuanto a sus sueños? ¿Se jactaba José ante sus hermanos? ¿Alguna vez ustedes se jactaron ante alguien? ¿Les gusta escuchar a alguien jactándose por algo?**

3. **Los hermanos de José lo maltrataron. ¿Han sido ustedes maltratados por su familia o por amigos? ¿Cómo reaccionaron?**

4. **Jacob estaba muy triste cuando pensó que José había muerto.**

5. **¿Cómo se sintieron ustedes cuando perdieron a alguien o algo muy querido?**

Diga: **Jacob engañó a Esaú y desobedeció a Dios. Los hermanos de José lo trataron mal. Luego los hermanos de José le mintieron a Jacob.**

Dios nos da la libertad para hacer decisiones. Sin embargo, nuestras decisiones nos afectan a nosotros y a otros. Lo que ustedes digan y hagan hoy puede afectar- les cuando sean adultos. Esas decisiones también pueden afectar a sus hijos.

Versículo Para Memorizar

Enseñe un versículo para memorizar (p. 111). Encontrará sugerencias de Actividades para Enseñar el Versículo para Memorizar en página 110.

Actividades Adicionales

Elija una de las siguientes opciones para que los niños mejoren su estudio de la Biblia.

1. Pida a los niños que usen crayolas o marcadores y papel para ilustrar los sueños de José. Permita que muestren sus dibujos a la clase.

2. Diga: **Imaginen que los hermanos hubiesen decidido no vender a José a los mercaderes. ¿Cómo habría reaccionado José con sus hermanos al salir de la cisterna?**

3. Use tiras de papeles de colores para recrear la túnica especial de José. Pegue las tiras de papel a la pared para crear un cuadro de la túnica.

4. Realice los juegos en este libro que tengan relación con esta lección.

PREGUNTAS

1. *¿Por qué los hermanos de José le aborrecían? (37:3-4)*
   1. Jacob amaba a José más que a sus otros hijos.
   2. Jacob tuvo a José en su vejez.
   3. **Ambas respuestas son correctas.**

2. *¿Qué causó que los hermanos de José lo aborrecieran más todavía? (37:5-8)*
   1. **José contó su sueño a sus hermanos.**
   2. José nunca trabajaba con ellos.
   3. Lo aborrecían sin ninguna razón.

3. *¿Por qué fue José a Siquem? (37:13-14)*
   1. Para ver cómo estaban sus hermanos
   2. Para traerle la respuesta sobre sus hermanos a Jacob
   3. **Ambas respuestas son correctas.**

4. *¿Qué querían hacerle los hermanos a José? (37:19-20)*
   1. Dejarlo con todos los rebaños
   2. **Matarlo y echarlo en una cisterna**
   3. Enviarlo de regreso a la casa con su padre

5. *¿Quién trató de librar a José? (37:21-22)*
   1. Dios
   2. Jacob
   3. **Rubén**

6. *¿Qué le quitaron a José sus hermanos? (37:23)*
   1. Su vara
   2. **Su túnica**
   3. Sus sandalias

7. *¿Quién llegó mientras los hermanos de José comían pan? (37:25)*
   1. **Una compañía de ismaelitas**
   2. Judá
   3. Jacob

8. *¿A dónde iba la compañía? (37:25)*
   1. A Dotán
   2. **A Egipto**
   3. A Siquem

9. *¿Qué hicieron los hermanos cuando llegaron los madianitas mercaderes? (37:28)*
   1. Sacaron a José de la cisterna.
   2. Lo vendieron por 20 piezas de plata.
   3. **Ambas respuestas son correctas.**

10. *¿Qué sucedió cuando los hermanos de José mostraron la túnica a Jacob? (37:34-35)*
    1. **Jacob guardó luto por José y no quiso recibir consuelo.**
    2. Jacob les preguntó si le habían mentido.
    3. Ambas respuestas son correctas.

LECCIÓN 15

Génesis 40:1-23
Fiel y No Olvidado

Comentario Bíblico

En Egipto, José era esclavo en la casa de Potifar. Mientras estaba allí, Potifar erradamente lo envió a la cárcel. En esta lección encontramos a José como esclavo en la cárcel. También Faraón mandó a algunos de sus oficiales a la cárcel y el nuevo trabajo de José era servirles.

Dios no le reveló Su propósito a José. A pesar de los problemas de José, él siguió mostrando un alto nivel de carácter y liderazgo. Dios permitió que José desarrollara su carácter y su devoción a Él al estar como esclavo en la cárcel.

Aunque el copero se olvidó de José, Dios no lo olvidó. Pronto José necesitaría todas las lecciones que había aprendido en su vida.

Palabra Relacionada Con Nuestra Fe

• ser **fiel** – Ser leal, confiable y fidedigno.

Actividad

Para esta actividad necesitará lo siguiente:

• 2 jarras con agua

• 2 vasos

• 2 jarras o baldes más grandes y vacíos

• Toallas

Antes de la clase, coloque las jarras con agua en un lado del salón. Coloque las jarras o baldes vacíos en el lado opuesto. Deje algunas toallas cerca de las jarras vacías.

Forme dos equipos e indíqueles que formen una fila detrás de las jarras con agua. Entregue un vaso a la primera persona de cada equipo.

Diga: **Hoy tendrán la oportunidad de ser coperos. Llenen el vaso con agua de la jarra. Lleven el vaso al otro lado del salón y vacíen el agua en la jarra o balde de su equipo. Si cae agua al suelo, deben esperar a que un compañero de su equipo lo seque con la toalla antes de continuar. Luego regresen rápido a la fila y entreguen el vaso a la siguiente persona para que lo llene. Continúen los relevos hasta que la jarra de su equipo quede vacío y toda el agua esté en su otra jarra o balde.**

Después del juego, diga: **Nuestra lección bíblica de hoy habla de un copero. Aprenderemos lo que sucedió con él.**

Lección Bíblica

Prepare una historia bíblica basada en el pasaje bíblico de la lección. Los niños entenderán mejor la lección si les relata la historia en vez de leérselas.

Después de la lección, anime a los niños a dialogar sobre la historia haciéndoles las siguientes preguntas. Esto les ayudará para que la apliquen a sus vidas. Es posible que no haya una respuesta correcta o errada.

• **¿Alguna vez tuvieron un sueño que no pudieron entender? Anime a los niños a pensar en sueños que hayan experimentado. Pregunte:**

• **¿Hay algún sueño que siempre recuerdan? ¿Qué creen que haya significado? ¿Cómo les afectó?**

• **¿Alguna vez hicieron algo bueno para alguien y luego esa persona olvidó devolver el favor?**

• **¿De qué manera el versículo para memorizar de hoy, Proverbios 2:6, se relaciona con esta historia?**

Diga: **¡Hoy vimos dos historias interesantes! Una fue sobre un copero y la otra sobre un panadero. Ambos trabajaban para el faraón de Egipto.**

José tuvo una vida difícil. Soportó situaciones terribles en Egipto, pero él permaneció fiel a Dios. Dios obró por medio de José para interpretar esos dos sueños. Dios no abandonó a José. Dios tampoco nos abandonará cuando enfrentemos tiempos difíciles en nuestra vida.

Versículo Para Memorizar

Enseñe un versículo para memorizar (p. 111). Encontrará sugerencias de Actividades para Enseñar el Versículo para Memorizar en página 110.

Actividades Adicionales

Elija una de las siguientes opciones para que los niños mejoren su estudio de la Biblia.

- Divida la clase en dos equipos. Provea espacio para que los niños dibujen. En pedazos pequeños de papel escriba palabras de la historia, como: copa, vid, sarmientos, uvas, pan, aves, canasta y árbol. Permita que un miembro de cada equipo escoja un papel y dibuje el objeto para su equipo. Dé un minuto al equipo para que adivinen el objeto.

- Prepare una dramatización para relatar la historia de José, el copero, el panadero y el faraón. Los niños pueden hacer la dramatización para sus familias o para otra clase.

- Realice los juegos en este libro que tengan relación con esta lección.

PREGUNTAS

1. *¿A quiénes puso Faraón en la cárcel? (40:2-3)*
   1. El jefe de los coperos
   2. El jefe de los panaderos
   3. **Ambas respuestas son correctas.**

2. *¿Por qué estaban mal los semblantes del copero y del panadero? (40:7-8)*
   1. Nadie cuidaba de ellos en la cárcel.
   2. **Tuvieron sueños y nadie podía interpre**tarlos.
   3. Temían a los guardas.

3. *¿De qué le hablaron los hombres a José? (40:8, 16)*
   1. **Sus sueños**
   2. Su inocencia
   3. La crueldad del faraón

4. *¿Quién soñó con la vid y las uvas? (40:9-10)*
   1. José
   2. El capitán de la guardia
   3. **El jefe de los coperos**

5. *¿Qué le iba a suceder al jefe de los coperos? (40:13)*
   1. **Faraón lo restituiría a su puesto.**
   2. Faraón lo mataría.
   3. Se quedaría en la cárcel dos años más.

6. *¿Quién soñó con las canastas y los manjares de pastelería? (40:16)*
   1. El jefe de los coperos
   2. **El jefe de los panaderos**
   3. Faraón

7. *¿Qué le iba a suceder al jefe de los panaderos? (40:19)*
   1. Sería el capitán de la guardia.
   2. **Faraón lo mataría.**
   3. Faraón lo restituiría a su puesto.

8. *¿Qué ocurrió tres días después de que José interpretó los sueños? (40:20)*
   1. Era el cumpleaños de Faraón.
   2. El rey hizo banquete a todos sus sirvientes.
   3. **Ambas respuestas son correctas.**

9. *¿A quién hizo Faraón volver a su oficio? (40:21)*
   1. **El jefe de los coperos**
   2. El jefe de los panaderos
   3. José

10. *¿Qué olvidó el jefe de los coperos? (40:23)*
    1. Olvidó contar su sueño a su esposa y sus hijos.
    2. **Olvidó hacer mención de José a Faraón.**
    3. Olvidó inclinarse ante Faraón.

LECCIÓN 16

Génesis 41:1-57
¡Promovido!

Comentario Bíblico

En la lección 8, Dios le dijo a Abraham que su descendencia sería esclava de otra nación por 400 años. Pero, Dios los rescataría. En este capítulo, eso empieza a ocurrir. José era parte importante del plan de Dios.

En esta lección, José enfrentó un difícil desafío. Tenía la opción de atribuirse el crédito por la interpretación de los sueños, o reconocer que era Dios quien daba el significado de los sueños. José decidió dar crédito a Dios. José sabía que Faraón tenía control de su vida y su libertad. Sin embargo, José confiaba también en que Dios estaría con él a pesar de lo que había sucedido.

En un sentido, esta es la historia de cómo José obtuvo poder y fama. Pero, la historia de José es parte de una historia mayor de cómo Dios cumplió el pacto con Abraham. José era descendiente directo de Abraham y era esclavo en Egipto. Vendría un tiempo de hambruna. Dios necesitaba a un hombre fiel en un cargo vital. José llegó a ser el segundo en el gobierno de Egipto. Únicamente Faraón era más importante que él.

Esta lección tratará de la primera parte de la historia de José. Más adelante, los alumnos aprenderán cómo Dios guió a la familia de José a Egipto, de modo que pudieran sobrevivir a la hambruna que vendría.

Palabra Relacionada Con Nuestra Fe

- **honrar** – Mostrar respeto a alguien. Honramos a Dios cuando decimos cosas buenas acerca de Él. También honramos a Dios cuando lo amamos y obedecemos.

Actividad

Para esta actividad necesitará lo siguiente:

- cinta adhesiva de papel (masking tape) o algún otro material para marcar límites

Antes de la clase, use la cinta adhesiva para marcar un cuadrado grande en el centro del salón. El cuadrado debe ser lo suficientemente grande como para que todos los niños entren en él. Otra opción es llevar a los niños afuera para realizar este juego.

Diga: **Faraón, el líder de Egipto, tuvo dos sueños. En uno de los sueños vio vacas. En este juego, algunos participantes pretenderán ser vacas. Los otros tratarán de atrapar a las vacas.**

Escoja a tres niños para que atrapen a las vacas. Ellos deben quedarse en el área del centro. Los otros estarán en un lado del salón o fuera del área del centro.

Cuando usted dé la señal para empezar, los niños que representan a las vacas deben cruzar el cuadrado en el centro. Los tres niños que están en el centro tratarán de tocarlos. Cuando uno de los "atrapavacas" toque a una vaca, ésta deberá quedarse dentro del cuadrado. Estas vacas no pueden ayudar ni estorbar a los atrapavacas. El juego terminará cuando todas las vacas estén en el centro o cuando se cumpla el tiempo planeado para esta actividad.

Lección Bíblica

Prepare una historia bíblica basada en el pasaje bíblico de la lección. Los niños entenderán mejor la lección si les relata la historia en vez de leérselas.

Después de la lección, anime a los niños a dialogar sobre la historia haciéndoles las siguientes preguntas. Esto les ayudará para que la apliquen a sus vidas. Es posible que no haya una respuesta correcta o errada.

1. Dios le dio un mensaje a Faraón. ¿Alguna vez han recibido un mensaje de Dios? ¿Cómo respondieron?

2. José estuvo en la cárcel por dos años antes de oír acerca del sueño de Faraón. ¿Alguna vez esperaron mucho tiempo para que Dios o alguien más cumpliera una promesa? ¿Cómo se sintieron?

3. José dijo que no podía interpretar sueños. Más bien, dijo que Dios podía hacerlo. ¿Cómo le dan crédito a Dios por lo que hace en sus vidas?

Diga: **Dios honró la fidelidad de José cuando le reveló el significado del sueño de Faraón. Aunque la vida de José fue difícil, Dios se acordaba de él. De pronto, la situación de José cambió dramáticamente.**

¿Alguna vez experimentaron en su vida un cambio para bien tan rápido como ese? Dios bendijo a José porque éste fue fiel. Dios nos honra por nuestra fidelidad a Él.

Versículo Para Memorizar

Enseñe un versículo para memorizar (p. 111). Encontrará sugerencias de Actividades para Enseñar el Versículo para Memorizar en página 110.

Actividades Adicionales

Elija una de las siguientes opciones para que los niños mejoren su estudio de la Biblia.

1. Como clase, encuentren tres versículos bíblicos que hablen del cuidado de Dios por Su pueblo.

2. Encuentre un mapa de Egipto.

   Como clase, investiguen algunos datos actuales sobre la nación de Egipto.

3. Preparen una noticia sobre el nombramiento de José como segundo en el gobierno después de Faraón. Escriban la historia como si fuesen a presentarla en televisión, radio o internet.

4. Realice los juegos en este libro que tengan relación con esta lección.

PREGUNTAS

1. *¿Con qué soñó Faraón? (41:2-7)*
   1. El copero y José
   2. **Vacas y espigas**
   3. Ambas respuestas son correctas.

2. *¿Qué hicieron las vacas de feo aspecto en el sueño de Faraón? (41:4)*
   1. Se quedaron en el río.
   2. Se comieron las espigas llenas.
   3. **Devoraron a las vacas gordas.**

3. *¿Qué les pasó a las siete espigas llenas? (41:7)*
   1. **Las siete espigas menudas las devora**ron.
   2. Las vacas se las comieron.
   3. Se quemaron.

4. *¿A quiénes pidió primero Faraón que interpretaran sus sueños? (41:8)*
   1. El jefe de los coperos
   2. **Los magos y sabios**
   3. Ambas respuestas son correctas.

5. *¿Por qué Faraón mandó llamar a José? (41:9-15)*
   1. El copero le habló de José a Faraón.
   2. Faraón oyó que José había interpretado sueños.
   3. **Ambas respuestas son correctas.**

6. *Según José, ¿quién le daría a Faraón la respuesta propicia?*
   1. **Dios**
   2. José
   3. Los magos

7. *¿Qué haría Dios en Egipto? (41:29-32)*
   1. Daría siete años de gran abundancia.
   2. Daría siete años de hambre después de los años de abundancia.
   3. **Ambas respuestas son correctas.**

8. *Según José, ¿qué debía hacer Faraón? (41:33-35)*
   1. Empezar a comprar trigo de otros países
   2. **Recoger el trigo en los años buenos y guardarlo**
   3. Guardar el agua en los pozos

9. *¿Por qué Faraón puso a José a cargo del trigo? (41:39-40)*
   1. Dios hizo saber a José acerca del hambre que vendría.
   2. No había nadie tan entendido y sabio como José.
   3. **Ambas respuestas son correctas.**

10. *¿Por qué de toda la tierra iban a Egipto para comprar de José? (41:57)*
    1. **Por toda la tierra había crecido el hambre.**
    2. El trigo de Egipto era el mejor del mundo.
    3. Ambas respuestas son correctas.

LECCIÓN 17

Génesis 42:1-38
¡Ustedes Son Espías!

Comentario Bíblico

El pacto que Dios estableció con Abraham, en Génesis 15, estuvo en peligro muchas veces a lo largo de la historia. En este relato, la hambruna hubiese podido matar a Jacob y su familia, poniendo fin al linaje de Abraham. Sin embargo, Dios cumplió Su promesa. Los herederos de Jacob permanecieron con vida. También la familia de Jacob fue a Egipto a comprar trigo junto con otros cananeos.

José tenía bajo su control la vida de sus hermanos. Éstos se inclinaron a José, como sus sueños habían predicho. José debía decidir. ¿Se vengaría de sus hermanos o los trataría con misericordia en su tiempo de necesidad?

El versículo 24 nos deja entrever los pensamientos de José. Él lloró mientras sus hermanos recordaban el pe- cado que habían cometido contra él. Sin embargo, José no estaba seguro de cuáles eran los motivos de ellos. Él ideó un plan para probar la fortaleza y honestidad de esos hombres. ¿Cómo reaccionarían? ¿Habían aprendido su lección?

La lección 18 continuará revelando el plan de Dios y la obediencia de José en uno de los dramas familiares más memorables en la Biblia.

Actividad

El maestro o maestra hará el papel de José. Párese frente a los alumnos. Diga: **Soy José. Les daré instrucciones para realizar diferentes acciones y ustedes imitarán lo que yo haga. Estén atentos a estas palabras: "José dice". Imiten sólo las acciones que siguen a las palabras "José dice". Si digo: "José dice: 'Levanten la mano'", entonces imiten mi acción. Si digo: "Levanten la mano", no imiten mi acción porque no dije: "José dice".**

Practiquen varias veces para asegurarse de que los niños han entendido cómo realizar el juego. Use diferentes órdenes y demuestre las acciones. Algunas veces empiece con "José dice".

Las órdenes pueden incluir las siguientes acciones: dénse palmaditas en la cabeza, sonrían, saluden con la mano, flexionen sus músculos, tóquense los pies, den una vuelta, siéntense. Puede añadir otra órdenes para prolongar el juego.

Diga: **En esta actividad ustedes escuchaban la orden. Luego decidían si imitarían mi acción. Cuando afirmaba: "José dice", imitaban mi acción porque yo daba la orden. Yo tenía el poder. Hoy aprenderemos que José tenía poder sobre Egipto. Y aprenderemos qué hizo con ese poder.**

Lección Bíblica

Prepare una historia bíblica basada en el pasaje bíblico de la lección. Los niños entenderán mejor la lección si les relata la historia en vez de leérselas.

Después de la lección, anime a los niños a dialogar sobre la historia haciéndoles las siguientes preguntas. Esto les ayudará para que la apliquen a sus vidas. Es posible que no haya una respuesta correcta o errada.

1. **¿Alguna vez alguien los trató mal y después necesitó que le ayudaran? ¿Qué hicieron ustedes?**

2. **Cuando los hermanos encontraron el dinero en el saco, se dijeron: "¿Qué es esto que nos ha hecho Dios?" ¿Realmente fue Dios quien les hizo eso? ¿Alguna vez culparon ustedes a Dios por sus problemas?**

3. **¿Por qué creen que los hermanos de José no lo reconocieron?**

Diga: **José tuvo una vida difícil. Sus hermanos lo aborrecían y lo vendieron a los mercaderes, quienes lo llevaron a una tierra extranjera. Trabajó como esclavo en una casa e injustamente lo mandaron a la cárcel. En medio de todo esto, Dios estaba con José. Dios obró para salvar a la familia de José y dar sanidad y paz a los hermanos de José.**

José estaba ahora en un cargo de autoridad. ¿Cómo reaccionaría José cuando sus hermanos supieran quién era él?

Todos hacemos decisiones. Podemos honrar a Dios haciendo buenas decisiones. José honró a Dios por medio de sus decisiones y su actitud.

Versículo Para Memorizar

Enseñe un versículo para memorizar (p. 111). Encontrará sugerencias de Actividades para Enseñar el Versículo para Memorizar en página 110.

Actividades Adicionales

Elija una de las siguientes opciones para que los niños mejoren su estudio de la Biblia.

1. Como grupo, encuentren las respuestas a estas preguntas: **¿Qué es hambruna o hambre? ¿Qué causa una hambruna? ¿Qué efecto tiene la hambruna en la economía y en la gente? ¿Existe hambre en algún lugar del mundo ahora? ¿Cómo pueden ayudar a la gente que está sufriendo hambruna?** Ayude a los niños a preparar un informe de su investigación.
2. Pregunte: **¿Por qué los hermanos de José no lo reconocieron? ¿Cómo reconoció José a sus hermanos? ¿En qué forma las acciones de ellos cumplieron los sueños de José?** Dirija a los niños a dramatizar esta historia con un diálogo que dé respuesta a estas preguntas.
3. Realice los juegos en este libro que tengan relación con esta lección.

PREGUNTAS

1. ¿Cuál de los hermanos no fue a Egipto? (42:4)
   1. Simeón
   2. Benjamín
   3. Rubén

2. ¿Por qué Jacob no quiso enviar a Benjamín a Egipto? (42:4)
   1. Podía acontecerle algún desastre.
   2. Benjamín estaba enfermo.
   3. Benjamín cuidaba los rebaños.

3. ¿Ante quién se inclinaron los hermanos? (42:6)
   1. El señor de la tierra
   2. José
   3. Ambas respuestas son correctas.

4. ¿Quiénes fueron conocidos cuando los hermanos pidieron alimentos a José? (42:8)
   1. José y sus hermanos se conocieron unos a otros.
   2. José conoció a sus hermanos, pero ellos no le conocieron.
   3. José no conoció a sus hermanos.

5. ¿Qué dijo José que eran sus hermanos? (42:14)
   1. Espías
   2. Pastores
   3. Sus hermanos

6. ¿Por qué José dejó preso a uno de sus hermanos mientras los otros regresaban a su casa? (42:16-20)
   1. Ellos le dijeron a José que eran espías.
   2. José quiso saber si habían dicho la verdad.
   3. No pagaron por el trigo.

7. ¿Cuándo lloró José? (42:21-24)
   1. Cuando sus hermanos dijeron que eran angustiados por lo que le habían hecho a José
   2. Cuando recibió malas noticias de Faraón
   3. Ambas respuestas son correctas.

8. ¿Qué encontraron los hermanos en sus sacos de trigo? (42:27)
   1. Su dinero
   2. Joyas robadas de la casa de José
   3. Ambas respuestas son correctas.

9. ¿Qué dijo Jacob cuando los hermanos de José le contaron lo que había pasado? (42:36)
   1. "Contra mí son todas estas cosas".
   2. "Si debo enviar a Benjamín, lo haré".
   3. "¿Por qué el gobernador los puso en la cárcel?"

10. ¿Quién prometió que devolvería a Benjamín? (42:37)
   1. Simeón
   2. Rubén
   3. Jacob

LECCIÓN 18

Génesis 43:1-15, 23b-32; 44:1-18, 33-34
Cara a Cara

Comentario Bíblico

Israel pidió a sus hijos que volvieran a Egipto y compraran más alimento. Parecía ser algo simple, pero Judá le recordó a su padre que José les había ordenado regresar con Benjamín.

Israel estaba anciano y desesperado. Habló del mal, de ser privado de sus hijos, de equivocación y misericordia. Cuando ya no tuvo otra opción, aceptó enviar a sus hijos de regreso a Egipto. Dijo que moriría de dolor si Benjamín no volvía a salvo. Al observar el lamento de su padre, los hermanos se sintieron culpables. Ellos eran responsables por la pérdida de José. ¿Podrían garantizar el retorno seguro de Benjamín?

En Egipto, José fue bondadoso con su familia, pero estaba decidido a seguir su plan. Su idea no era vengarse de los hermanos sino poner a prueba sus actitudes. José se preguntaba si tratarían a Benjamín como lo habían hecho con él. ¿Estaban realmente arrepentidos los hermanos?

Judá prometió dar su vida por la seguridad de Benjamín. Judá le pidió a José que lo tomara a él como siervo en lugar de Benjamín. En medio de la crisis, los hermanos revelaron sus actitudes.

Palabras Relacionadas Con Nuestra Fe

- **misericordia** – Perdón o bondad hacia los que nos hicieron un mal.

- **compasión** – Preocupación por otros que nos lleva a ayudarles.

- **mayordomo** – Miembro leal de la casa de José. Estaba a cargo de la casa y los negocios de José.

- **adivinar** – Llegar a saber algo por medio del estudio de objetos, señales o poderes sobrenaturales.

Actividad

Para esta actividad necesitará lo siguiente:

- Un vaso
- Un pedazo de madera
- Dos cajas

Antes de la clase, coloque el pedazo de madera en una caja. Ponga el vaso en la otra caja. Cierre las cajas. Puede cubrirlas con una tela o cerrar la parte superior. Asegúrese de que ningún niño pueda ver lo que está dentro de las cajas.

Divida a la clase en dos equipos. Diga: **Hoy trataremos de encontrar un vaso. Una de estas cajas tiene un vaso adentro. La otra caja tiene un pedazo de madera. Cada equipo, por turno, enviará a un miembro a escoger una de las cajas. Si un jugador escoge la caja con la madera, regresará a su equipo. Si el jugador escoge la caja con el vaso, deberá ir al otro equipo y ser miembro de ese equipo.**

Permita que cada niño tenga su turno si hay suficiente tiempo. Después de cada turno, ponga los objetos en cada caja otra vez. No permita que los niños vean.

Al terminar el juego, cuente a los miembros de los equipos. El equipo que tenga más miembros será el ganador.

Diga: **Los hermanos de José hallaron una copa de plata en el costal de Benjamín. José dijo que el dueño de ese costal sería su siervo.**

Lección Bíblica

Prepare una historia bíblica basada en el pasaje bíblico de la lección. Los niños entenderán mejor la lección si les relata la historia en vez de leérselas.

Después de la lección, anime a los niños a dialogar sobre la historia haciéndoles las siguientes preguntas. Esto les ayudará para que la apliquen a sus vidas. Es posible que no haya una respuesta correcta o errada.

1. Judá prometió proteger a Benjamín. ¿Alguna vez protegieron ustedes a un amigo, hermano o hermana? ¿Qué sentían acerca de esa persona?
2. José no les reveló su identidad a sus hermanos. ¿Por qué? ¿Cómo tratan ustedes a personas que les han hecho algún mal?
3. José se emocionó al ver a su hermano Benjamín. ¿Alguna vez vieron algo que les hizo llorar? ¿Lloraron alguna vez al ver a alguien? Hablen acerca de esta experiencia.
4. ¿Alguna vez vieron sufrir a alguien? ¿Les había hecho algún mal esa persona en el pasado? ¿Estuvieron tentados a hacerle daño, aunque él o ella necesitara ayuda?

José tenía la opción de decidir. Sus hermanos lo vendieron como esclavo y mintieron a su padre. Ahora ellos estaban a merced de José. Él los reconoció, pero ellos no lo reconocieron a él.

José tenía la autoridad para condenar a sus hermanos a la muerte. Sin embargo, decidió no vengarse de ellos.

Dios nos perdona y quiere que nosotros perdonemos a los demás. Dios nos ayudará a perdonar a otros y a resolver nuestros conflictos.

Versículo Para Memorizar

Enseñe un versículo para memorizar (p. 111). Encontrará sugerencias de Actividades para Enseñar el Versículo para Memorizar en las páginas 110.

Actividades Adicionales

Elija una de las siguientes opciones para que los niños mejoren su estudio de la Biblia.

- Indique a los niños que dramaticen la escena cuando revisaron los costales. Pueden usar los objetos de la Actividad que realizaron antes en esta lección.
- Judá ofreció remplazar a Benjamín como siervo de José. Pidió que le permitieran ocupar el lugar de Benjamín. ¿Cómo se asemeja esto a la manera en que Jesús llegó a ser un sacrificio por nuestros pecados?
- Investigue cuál es la distancia entre Egipto e Israel. ¿Qué distancia tuvieron que viajar los hermanos de José? Tracen su ruta en un mapa.
- Realice los juegos en este libro que tengan relación con esta lección.

PREGUNTAS

1. *¿Por qué Israel dijo a sus hijos que volvieran a Egipto? (43:1-2)*
   1. El hambre aún era grande en la tierra.
   2. Se acabaron el trigo que trajeron.
   3. **Ambas respuestas son correctas.**

2. *¿Quién dijo que volvería a traer a Benjamín? (43:8-9)*
   1. Israel
   2. **Judá**
   3. Simeón

3. *¿Qué llevaron los hermanos para darle a José? (43:11-13)*
   1. El dinero que les habían devuelto en sus costales
   2. Los regalos que habían llevado
   3. **Ambas respuestas son correctas.**

4. *¿Quién llevó a los hermanos a casa de José? (43:19, 24)*
   1. **El mayordomo de la casa de José**
   2. El capitán de la guardia
   3. José

5. *¿Acerca de quién preguntó José a los hermanos? (43:26-27)*
   1. Simeón
   2. Rubén
   3. **Su padre**

6. *¿Por cuál hermano se conmovió José? (43:29-30)*
   1. **Benjamín**
   2. Simeón
   3. Judá

7. *¿Qué puso el mayordomo en el costal de Benjamín? (44:1-2)*
   1. Dinero
   2. La copa de plata de José
   3. **Ambas respuestas son correctas.**

8. *¿Qué pasó después que los hermanos salieron de Egipto? (44:4)*
   1. Unos mercaderes les vendieron más trigo.
   2. **José ordenó a su mayordomo que los siguiera.**
   3. Unos ladrones les robaron el trigo.

9. *¿Por qué los hermanos se postraron delante de José? (44:14-16)*
   1. Pensaron que todos morirían.
   2. **Pensaron que todos serían siervos de José.**
   3. Ambas respuestas son correctas.

10. *¿Qué le dijo Judá a José? (44:33)*
    1. Quede ahora tu siervo en lugar del joven.
    2. Que el joven vaya con sus hermanos.
    3. **Ambas respuestas son correctas**.

LECCIÓN 19

Génesis 45:1-46:7
Yo Soy José

Comentario Bíblico

José sabía que la actitud de sus hermanos había cambiado. La emoción lo abrumó cuando les reveló quién era él: "Yo soy José". José mencionó el pecado de sus hermanos pero no los condenó ni castigó. José reconoció que Dios obró por medio de toda la serie de eventos. Dijo: "No os entristezcáis, ni os pese de haberme vendido acá; por- que para preservación de vida me envió Dios delante de vosotros". En verdad él perdonó a sus hermanos y afirmó el cuidado de Dios sobre él.

Faraón le dijo a José que trajera a toda su familia a Egipto, donde él les daría las mejores tierras. Los hermanos volvieron a su padre con la buena noticia de que José estaba vivo. Hubo gran expectativa por la reunión gloriosa entre José y su padre. Jacob ansiosamente hizo planes para partir de Canaán e ir a Egipto.

Palabra Relacionada Con Nuestra Fe

* **posteridad** – Las personas que viven después de cierta persona.

Actividad

Para esta actividad necesitará lo siguiente:

* Una venda para los ojos

Diga: **A veces reconocemos a las personas por sus voces. ¿Pueden ustedes decir el nombre de alguien sólo al oír su voz? Nuestro juego hoy les dará la oportunidad de hacerlo.**

Vende los ojos de un niño o niña. Pida a otro que diga: "Estoy aquí. ¿Quién soy?" El que pregunta puede tratar de cambiar su voz. La persona con los ojos vendados debe adivinar quién está hablando. Si no adivina la primera vez, quien pregunta puede darle una clave. Si hay tiempo, dé oportunidad a todos los niños que deseen jugar.

Pregunte: **¿Qué hizo difícil reconocer una voz?** (La voz no era clara, sonaba diferente, o la persona con los ojos vendados no recordaba el nombre del que preguntaba.) **Cuando no vemos a las personas por mucho tiempo, cambian tanto que no las reconocemos. A veces no reconocemos a las personas cuando las vemos en un lugar inesperado. ¿Alguna vez les pasó esto?** (Permita que los niños respondan.)

Cuando los hermanos de José llegaron a Egipto, ¿lo reconocieron ellos? ¿Esperaban encontrarlo allí? Nuestra lección de hoy continúa la historia de José y sus hermanos.

Lección Bíblica

Prepare una historia bíblica basada en el pasaje bíblico de la lección. Los niños entenderán mejor la lección si les relata la historia en vez de leérselas.

Después de la lección, anime a los niños a dialogar sobre la historia haciéndoles las siguientes preguntas. Esto les ayudará para que la apliquen a sus vidas. Es posible que no haya una respuesta correcta o errada.

1. **¿Cuál es la sorpresa más grande que han experimentado?**

2. **¿Por qué creen que los hermanos se asustaron al saber quién era José? ¿Cómo se sentirían ustedes?**

3. **José tuvo misericordia de sus hermanos. ¿Alguien fue misericordioso con ustedes? ¿Piensan que merecían esa misericordia?**

Diga: **Dios obró para reunir a esta familia. José tuvo una buena actitud porque amaba y obedecía a**

Dios. Los hermanos recibieron misericordia aunque merecían ser castigados. Dios obró en las vidas de la familia de José y aún obra en nuestras vidas ahora.

Versículo Para Memorizar

Enseñe un versículo para memorizar (p. 111). Encontrará sugerencias de Actividades para Enseñar el Versículo para Memorizar en página 110.

Actividades Adicionales

Elija una de las siguientes opciones para que los niños mejoren su estudio de la Biblia.

1. Haga un árbol genealógico de la familia de José. Incluya a su esposa, los hijos, hermanos, padres y abuelos.

2. Pida que cada niño haga el árbol genealógico de su familia. Diga a los niños que averigüen los nombres de sus abuelos, bisabuelos y demás antepasados hasta donde les sea posible.

3. Tracen una línea cronológica de todo lo que le sucedió a José. Empiecen cuando el padre de José le dio una túnica de muchos colores y terminen con el viaje de su padre a Egipto.

4. Realice los juegos en este libro que tengan relación con esta lección.

PREGUNTAS

1. ¿Qué hizo José cuando ya no podía contenerse? (45:1-3)
   1. Les regaló asnos a sus hermanos.
   2. Les dijo a sus hermanos quién era él.
   3. Devolvió todo el dinero de sus hermanos.

2. ¿Acerca de quién preguntó José a sus hermanos? (45:3)
   1. Su padre
   2. Su madre
   3. Los hijos de sus hermanos

3. Según José, ¿quién lo envió a Egipto? (45:5)
   1. Sus hermanos
   2. Jacob
   3. Dios

4. ¿Por qué Dios envió a José delante de sus hermanos? (45:7)
   1. Para preservarles posteridad
   2. Para darles vida
   3. Ambas respuestas son correctas.

5. ¿Qué debían decirle los hermanos a Jacob? (45:9)
   1. José es señor de todo Egipto.
   2. Ven a mí, no te detengas.
   3. Ambas respuestas son correctas.

6. ¿Quién le dijo a José que trajera a su padre a Egipto? (45:17-18)
   1. Los magos y sacerdotes
   2. Faraón
   3. Sus hermanos

7. ¿Cómo reaccionó Jacob cuando los hermanos le dijeron que José estaba vivo? (45:26)
   1. Su corazón se afligió porque no les creía.
   2. Les creyó inmediatamente.
   3. Ambas respuestas son correctas.

8. ¿Qué decidió hacer Israel cuando supo que José estaba vivo? (45:28)
   1. Ordenar a José que fuera a verlo
   2. Ir a Egipto y ver a José
   3. Quedarse donde estaba

9. ¿Qué sucedió en Beerseba? (46:1-4)
   1. Israel ofreció sacrificios.
   2. Dios le dijo a Israel que no temiese ir a Egipto.
   3. Ambas respuestas son correctas.

10. ¿Quién prometió hacer volver a Jacob de Egipto? (46:4)
   1. Dios
   2. José
   3. Ambas respuestas son correctas.

LECCIÓN 20

Génesis 46:28-32; 50:14-26
Promesas Cumplidas

Comentario Bíblico

Esta lección muestra las resoluciones y las preguntas sin respuesta que enfrentó la familia de Israel. En Egipto la familia estaba a salvo de la hambruna. Pero, José les recordó que no se quedarían en Egipto para siempre. Debían retornar a Canaán para que se cumpliera la promesa de Dios en Génesis 15. Canaán era la tierra que Dios prometió a Abraham, Isaac y Jacob.

José y Jacob se reencontraron. No obstante, los hermanos le tenían miedo a José. Pasaron aproximadamente 17 años entre la llegada de Jacob a Egipto y su muerte. Durante ese tiempo, los hermanos vivieron cómodamente bajo la protección de José. Sin embargo, les preocupaba que él los hubiese protegido sólo porque Jacob aún vivía. José había perdonado a los hermanos mucho tiempo antes de que Jacob muriera. Por esta razón, él lloró cuando sus hermanos le expresaron su temor.

¿Se libraron los hermanos de la culpa que sentían? La Biblia no lo dice. Pero la vida de José, Jacob y los hermanos mostraron los resultados del verdadero perdón y reconciliación. Los hijos de Jacob mostraron que no perdonar causa esclavitud espiritual. Al final de esta lección vemos que Jacob y José murieron.

Palabra Relacionada Con Nuestra Fe

- **glorificar** – Dar honor y alabanza a alguien o algo.

Actividad

Para esta actividad necesitará lo siguiente:

- Algún tipo de cordón o cinta

Antes de la clase use cordón o cinta para marcar un sendero hasta otro lugar del edificio o área. Para que la enseñanza sea más efectiva, marque un sendero con varias vueltas a la derecha e izquierda. Reúna a su clase en el inicio del sendero.

Diga: **Jacob deseaba ver a José antes de llegar a Egipto. Él envió a Judá para pedirle a José que fuese a Gosén. Hoy ustedes me indicarán cómo llegar a cierto lugar en nuestra área. En el suelo hay un sendero marcado. Tienen que darme instrucciones para que siga ese sendero. ¡Den direcciones específicas!**

Mientras los niños le dan direcciones, interprételas en la forma más literal posible. Pare sólo cuando ellos lo indiquen. No dé vuelta a menos que le digan que lo haga. Si le ordenan que dé vuelta, hágalo lentamente hasta que los niños le digan que pare. Siga sus direcciones hasta llegar al destino.

Diga: **José siguió el mensaje que Jacob le envió por medio de Judá y llegó a Gosén. Allí Jacob se reencontró con José. Cuando recibimos un mensaje con direcciones de Dios, debemos obedecer. Dios siempre nos guía a cosas buenas.**

Lección Bíblica

Prepare una historia bíblica basada en el pasaje bíblico de la lección. Los niños entenderán mejor la lección si les relata la historia en vez de leérselas.

Después de la lección, anime a los niños a dialogar sobre la historia haciéndoles las siguientes preguntas. Esto les ayudará para que la apliquen a sus vidas. Es posible que no haya una respuesta correcta o errada.

1. **José perdonó a sus hermanos todo lo que le hicieron. Los perdonó aunque le hicieron un gran mal. ¿Alguna vez perdonaron a alguien que hizo algo muy malo contra ustedes? ¿Fue fácil o difícil? ¿Por qué?**

2. **Los hermanos de José temían que él los castigara por lo que le hicieron. ¿Se han sentido ustedes culpables por algo que le hicieron a otra persona?**

¿Cómo afecta esa culpa en su relación con esa persona?

Durante los años en que José vivió en Egipto, él no sabía qué le sucedería. Sin embargo, permaneció fiel a Dios. José estuvo muy feliz cuando se volvió a reunir con su padre.

Como José, nosotros no sabemos qué pasará en nuestra vida. Sin embargo, Dios quiere que seamos fieles a Él. Dios es el personaje principal de Génesis porque Él salvó y sanó a la familia de Jacob. Dios obró en Jacob y sus hijos para unir otra vez a la familia.

Versículo Para Memorizar

Enseñe un versículo para memorizar (p. 111). Encontrará sugerencias de Actividades para Enseñar el Versículo para Memorizar en página 110.

Actividades Adicionales

Elija una de las siguientes opciones para que los niños mejoren su estudio de la Biblia.

1. Pretendan ser José y sus herma- nos. Como clase, escriban una carta como si fuesen los hermanos de José pidiéndole perdón. Después escriban una carta de perdón de José a sus hermanos.

2. Con los datos que aprendieron, hagan un árbol genealógico de la familia de Abraham. Incluyan a los descendientes de Abraham, Isaac, Jacob y José.

3. Escriban un canto acerca de José y sus hermanos. Usen una melodía conocida y, como clase, escriban juntos la letra.

4. Realice los juegos en este libro que tengan relación con esta lección.

PREGUNTAS

1. ¿A quién envió Jacob con un mensaje para José? (46:28)
   1. Simeón
   2. Leví
   3. Judá

2. ¿A qué fue José a Gosén? (46:29)
   1. A pasar una semana de vacaciones
   2. A recibir a su padre
   3. José nunca fue a Gosén.

3. ¿Qué sucedió cuando José vio a su padre? (46:29)
   1. José se echó sobre el cuello de su padre.
   2. José lloró largamente.
   3. Ambas respuestas son correctas.

4. Después que murió Jacob, ¿qué temían los hermanos? (50:15)
   1. Que José les diera el pago de todo el mal que le hicieron
   2. Que Faraón ya no fuese bondadoso con ellos
   3. Ambas respuestas son correctas.

5. ¿Qué dijo José cuando sus hermanos se postraron delante de él? (50:18-19)
   1. "No temáis".
   2. "¿Acaso estoy yo en lugar de Dios?"
   3. Ambas respuestas son correctas.

6. ¿Qué dijo José que haría? (50:21)
   1. Obligaría a sus hermanos a irse de Gosén.
   2. Sustentaría a sus hermanos y a sus hijos.
   3. Pondría a sus hermanos como siervos.

7. ¿Quién encaminó a bien todo lo que le sucedió a José? (50:20)
   1. Jacob
   2. Dios
   3. Faraón

8. ¿Qué haría Dios con la familia de Jacob? (50:24)
   1. Dios les diría que vivieran en Egipto para siempre.
   2. Dios los haría subir a la tierra que juró darles.
   3. Ambas respuestas son correctas.

9. ¿Qué pidió José que hicieran los hijos de Israel cuando se fueran de Egipto? (50:25)
   1. Escribir todo lo que les había sucedido
   2. Llevar sus huesos de Egipto a la tierra prometida
   3. Ambas respuestas son correctas.

10. ¿Qué sucedió con José? (50:22-23, 26)
    1. Vio a los hijos de Efraín hasta la tercera generación.
    2. Murió a la edad de 110 años.
    3. Ambas respuestas son correctas.

MINISTERIO DE ESGRIMA
BÍBLICO INFANTIL

¿Qué es MEBI?

La Iglesia del Nazareno siempre ha cedido un espacio especial a la infancia, Jesucristo mismo lo hizo cuando dijo enérgicamente a sus discípulos que no apartaran a los niños porque de ellos es el reino de los cielos; creyendo firmemente que "Instruir al niño en su camino"-Proverbios 22:6, es un mandato apremiante que el Señor nos da, especialmente en nuestras sociedades tan convulsionadas, en las que fácilmente nuestros niños/as están muriendo física y espiritualmente, surge el Ministerio de Esgrima Bíblico Infantil, conocido por sus siglas como MEBI, derivado de la necesidad de profundizar y dinamizar el estudio bíblico para niños/as, por lo que se considera como una herramienta poderosa y efectiva para el evangelismo y discipulado infantil en las iglesias locales.

Partiendo del principio lúdico (aprender jugando) el MEBI consiste en una serie de juegos divididos en las categorías de memorización, reflexión, arte manual, actuación y música; cada uno de los juegos está relacionado o ha sido adaptado al tema de estudio, las iglesias locales forman un equipo con 10 integrantes de entre 7 y 11 años (pueden ser menores de 7 años, pero se recomienda que sean niños/as que ya sepan leer y escribir) este equipo será preparado por un coach a lo largo del año; el encargado del Ministerio entre Niños de un distrito planifica un encuentro en el que cada equipo demuestre lo que ha aprendido de la Biblia a través de los juegos que se plantean, el equipo que demuestre mayor preparación acumulando puntos, representará a su distrito en un encuentro nacional, sin embargo, debe tenerse en claro que el objetivo es aprender la Palabra de Dios, no competir.

Confiamos que esta enseñanza atractiva y vivencial permitirá a los niños/as atesorar la Palabra de Dios en sus corazones y que "no se apartarán del camino correcto" aun cuando dejen la infancia atrás.

Misión:

Preparar a los niños/as como discípulos de Jesús estudiando y atesorando la Palabra en sus corazones.

Visión:

Ser un medio eficaz de evangelismo y una herramienta dinámica de discipulado.

Valores:

Nos mueven los valores cristianos como el amor, la comunión y el compromiso, este ministerio además promueve entre los niños/as el trabajo en equipo, colaboración, respeto, entre muchos otros.

¿Qué recursos necesito?

- ✓ Biblia versión Reina Valera 1960
- ✓ Manual de MEBI
- ✓ Puede visitar la página www.MieddRecursos.MesoamericaRegion.org para este y otros recursos.
- ✓ Material didáctico (hojas, pegamento, tijeras, lápices, crayones, papel de colores, etc.)

¿Cómo formo un equipo en mi iglesia local?

Presidente local de MIEDD, debe adquirir el material que está disponible para MEBI, seleccionar a un hermano/a que sea servicial, dinámico y que ame la labor con niños para que trabaje como coach del equipo.

Coach, su función es preparar al equipo, motivándoles a estudiar la Palabra, dando o coordinando las lecciones bíblicas, actividades de aprendizaje de los juegos, debe acompañar al equipo a todas las demostraciones que organice el distrito, etc.

Equipo, estará formado por un máximo de 10 niños/as en edades de 7 a 11 años (pueden ser menores, aunque lo conveniente es que ya puedan leer y escribir). Si un niño/a cumple 12 años entre los meses de julio-diciembre, aun puede participar.

¿Cómo preparo a los niños?

Debe establecerse un tiempo de ensayo y estudio con el equipo. El estudio debe considerar el tema asignado para el esgrima bíblico.

Para estudiar mejor el tema puede dividirse en capítulos o en eventos específicos, para ello utilice la guía del coach lecciones y preguntas la cual que le guiará en este proceso. Inicie con la lectura de eventos, discútalos haciendo preguntas de memoria sobre situaciones, personajes, lugares y nombres. Explique datos que motiven la curiosidad del equipo en cuanto a costumbres, significado de objetos o ritos y otras características interesantes que complementen y aclaren el texto y contexto leído. Elabore listados de palabras, nombres, lugares, objetos, animales. Averigüe en cuáles otros libros de la Biblia se mencionan los personajes principales. Haga que los niños memoricen exactamente los textos principales. Ayude a los niños a memorizar eventos y secuencias de las historias, en forma no textual, así lo podrán relatar lo más completo posible. Es necesario ayudarles a recordar datos importantes. Guiarlos para que descubran individualmente y en equipo la enseñanza de Dios para su vida y realice los juegos que tengan relación con la lección estudiada.

Esta guía de estudio puede ayudar en los siguientes temas:

- ¿Cómo surge este(os) personaje(s)?
- ¿Con quiénes se relaciona?
- ¿Dónde se desarrolla la historia?
- ¿Cómo obra Dios en sus vidas?
- ¿Cuál es el motivo por el cual se encuentra esta historia en la Biblia?
- ¿Cómo se relaciona este pasaje a Cristo y por ende a la salvación?
- Toma cada historia y tráela al tiempo actual. ¿Cómo lo harías?
- ¿Qué valores se encuentran en la historia?
- ¿Qué lugares se mencionan? Ubícalos en un mapa.
- ¿Cómo son los personajes?
- ¿Qué características tienen?
- ¿Qué cosas se destacaban en la cultura y se necesitan investigar (animales, artesanías, ritos o costumbres)?

Además:

Invite a maestros de Escuela Dominical y/o personas que tengan estudios teológicos para que impartan lecciones respecto al tema y aclaren dudas.

Motive a los hermanos de la iglesia para que apoyen al equipo, en la composición de la letra y música del canto, porra, poema, distintivo y en los ensayos.

Practique cada juego únicamente después de haber estudiado y aclarado el tema considerablemente.

Recuerde que es importante establecer las habilidades en las que mejor se desenvuelve el niño/a.

¿Quiénes participan en una demostración?

Moderador, preferiblemente debe ser una persona imparcial, puede ser un invitado de otro distrito o que su iglesia local no esté participando.

- Es quien elige los juegos que se harán en una demostración y prepara el material para los mismos.
- Dirige la demostración
- Lee las instrucciones de cada categoría o juego.
- Arma el equipo de jueces

Jueces, deben ser imparciales, pueden ser invitados de otro distrito o que su iglesia no esté participando. Se asignará un juez a cada equipo participante, es decir, si hay 5 equipos participando, debe haber 5 jueces.

- Velar porque se cumplan las reglas de cada juego.
- Llevan el punteo del equipo que le correspondió.
- Hacen saber al moderador cuando se infrinjan las reglas.

Juez de tiempo, deberá llevar el tiempo para cada demostración, dando la señal de inicio y de finalización.

Ciclo de estudio anual

- GENESIS - 2020
- ÉXODO - 2021
- JOSUÉ, JUECES Y RUT - 2022
- 1 Y 2 SAMUEL – 2023
- MATEO – 2024
- HECHOS - 2025

Carta al coach (Testimonio)

Hola amado hermano/a, mi nombre es Pamela Vargas, quiero saludarte con el afecto que nos caracteriza como cristianos, en el año 2007 mi mamá era la presidenta de MIEDD en nuestra iglesia local, ella no sabía nada sobre MEBI y yo tenía a penas una noción, me preguntó si quería trabajar en ello y acepté. Lo que nunca imaginé es que encontraría en este ministerio un llamado tan poderoso que me apasiona hasta la fecha, incluso podría decir que es a través de este ministerio que he podido estudiar la Palabra de Dios de una manera responsable y constante.

En la iglesia ya habían participado una vez, así que hable con Jaqueline para saber si querría apoyarnos, pues tenía experiencia, recuerdo que ese año el libro de estudio era Hechos y entusiasmadas empezamos a buscar a los chicos que podrían formar el equipo, Diana, Marcela, Adrián, Emily, Steve, Ester y Rut (a todos ellos mi cariño); habíamos designado el sábado por la tarde para ensayar, nuestro equipo se llamó "Misioneros de Cristo", notamos que el ministerio necesitaba constancia, perseverancia y una motivación continua a los niños, por momentos era difícil, pero estábamos convencidas de algo, ellos debían aprender de la biblia, y cuando empezamos a ver los primeros frutos, el esfuerzo conjunto de padres de familia y el interés del equipo, todo cobró sentido.

Hermana Cristy mamá de Diana, Marcela y Adrián me contaba con alegría que Diana decía que al crecer ella sería la adiestradora del equipo; hoy pertenezco a una misión donde Verónica es la pastora y la madre de Emily y Steve y precisamente son ellos quienes están instruyendo a los niños, yo únicamente les he dado apoyo cuando lo requieren, así que me ha tocado pensar y repensar en la responsabilidad que sin saber estaba aceptando en aquel 2007, y es en este momento donde comprendo que nuestro propósito para el reino esta siempre en nuestras narices, a la par, tan cerca.

Estoy segura que una vez que empieces te apasionará tanto como a mi y es mi oración porque Dios te provea la fuerza, la sabiduría, los recursos, pero sobre todo el amor para sembrar en los corazones fértiles de los niños la poderosa semilla del evangelio a través de esta forma tan divertida. Nunca desistas, verás que vale toda la pena.

En Cristo
Pamela Vargas
pdepamela@gmail.com

Nombre del equipo

Indicaciones:

1. Con anticipación y con ayuda del coach, cada equipo debe elegir un nombre.
2. El nombre debe estar relacionado al tema de estudio.
3. Debe tener sustento bíblico el cual será explicado por uno o más participantes.
4. En este tiempo, también se deben presentar los integrantes del equipo.
5. Los jueces deberán considerar los siguientes aspectos:

    Apego al tema de estudio
    Creatividad del nombre
    Sustento bíblico
    Creatividad de la presentación
    Mención de los integrantes

Infracción:

Se descuentan puntos al equipo que esté hablando entre sí, cuando otro equipo se esté presentando.

Puntaje

100 puntos

Tiempo

Menos de 5 minutos

Participantes

Todo el equipo

Modalidad

Un equipo a la vez

Distintivo

Indicaciones:

1. Con anticipación y con ayuda del coach y padres de familia, cada equipo debe portar algún implemento que les distinga.
2. Puede ser una playera, gorra, uniforme deportivo, etc.
3. Puede incluir el nombre del equipo, del integrante y un logotipo.
4. Los jueces evalúan de acuerdo a la siguiente escala:

    Uniformidad (todos iguales)
    Creatividad del distintivo
    Creatividad de la presentación

Infracción:

Se descuentan puntos al equipo que esté hablando entre sí, cuando otro equipo se esté presentando.

Puntaje

50 puntos

Tiempo

Menos de 5 minutos

Participantes

Todo el equipo

Modalidad

Un equipo a la vez

Porra

Indicaciones:

1. Con anticipación y con ayuda del coach, cada equipo debe preparar una porra.
2. Deberá estar basada en el tema de estudio y el nombre del equipo.
3. No puede contener ideas o palabras ofensivas hacia otros equipos.
4. Los jueces evalúan de acuerdo a la siguiente escala:

   Apego al tema de estudio
   Creatividad de la porra
   Creatividad de la presentación
   Mención del nombre del equipo

Infracción:

Se descuentan puntos al equipo que esté hablando entre sí, cuando otro equipo se esté presentando.

Puntaje
50 puntos

Tiempo
Menos de 5 minutos

Participantes
Todo el equipo

Modalidad
Un equipo a la vez

Mascota

Indicaciones:

1. Con anticipación y con ayuda del coach, cada equipo debe tener una mascota.
2. Preferiblemente debe ser un animalito que esté relacionado al tema de estudio.
3. Deberá contener una enseñanza bíblica.
4. Los jueces evalúan de acuerdo a la siguiente escala:

   Apego al tema de estudio
   Creatividad del disfraz
   Creatividad de la presentación
   Enseñanza bíblica

Infracción:

Se descuentan puntos al equipo que esté hablando entre sí, cuando otro equipo se esté presentando.

Puntaje
100 puntos

Tiempo
Menos de 5 minutos

Participantes
Todo el equipo

Modalidad
Un equipo a la vez

Logotipo

Indicaciones:

1. Con anticipación y con ayuda del coach, cada equipo debe tener un logotipo.
2. Deberá tener relación al nombre del equipo.
3. Se debe dibujar y pintar por los participantes del equipo y servirá para decorar su espacio en una demostración.
4. Debe tener apego al tema de estudio y sustento bíblico el cual será explicado por uno o más participantes.
5. Los jueces evalúan de acuerdo a la siguiente escala:

   Apego al tema de estudio
   Creatividad del dibujo
   Orden y limpieza
   Enseñanza bíblica
   Creatividad en la presentación

Infracción:

Se descuentan puntos al equipo que esté hablando entre sí, cuando otro equipo se esté presentando.

Puntaje
100 puntos

Tiempo
Menos de 5 minutos

Participantes
Todo el equipo

Modalidad
Un equipo a la vez

CATEGORÍA DE MEMORIZACIÓN

La memorización y el razonamiento son fundamentales para el aprendizaje, la repetición es una de las claves para la memorización; el objetivo de esta categoría es ayudar a los niños/as a memorizar y comprender la biblia de una forma dinámica y atractiva.

ALGUNAS TÉCNICAS DE MEMORIZACIÓN:

- Conectar y enlazar
- Asociar objetos con lugares
- Crear historias
- Enlazar palabras con números para recordar secuencias
- Dibujar mapas mentales
- Siglas, utilizando la primera letra de cada palabra
- Repetir las palabras clave
- Utilizar todos los sentidos

Para una demostración local, distrital, de zona, nacional, etc. el moderador elegirá

3 juegos de memorización

Los equipos sabrán los juegos que se realizarán únicamente hasta el día de la demostración.

Avanza

Desarrollo:

1. El moderador sortea el orden en el que participan los equipos y se van colocando delante de sus tres aros (ula ula).
2. El primer participante debe decir un texto del listado de textos a memorizar, lo debe hacer de forma literal; si es correcto, el moderador lo indica y el participante avanza hacia el primer aro.
3. El siguiente participante debe recitar otro texto; la dificultad consiste en que no puede recitar un texto que ya haya sido enunciado por otro participante, en caso de que esto suceda, el niño o niña no podrá avanzar.
4. Si durante los primeros 30 segundos el niño o niña no empieza a decir su texto, pierde la oportunidad y no avanza. Dependiendo de los aros que avance es el punteo que recibe.

Consultas:
No se permiten.

Infracción:
Si el público dice una parte del texto o la cita en voz alta o si el niño o niña consulta con su coach o equipo, se descalifica y se anula su participación en este juego.

Sugerencia:
Si fuesen muchos equipos participando, se puede reducir a 2 aros por equipo.

Ejemplo:

Puntaje
10 puntos por texto correcto

Tiempo
30 segundos para empezar

Participantes
1 por equipo

Modalidad
Un equipo a la vez de forma alternada

Materiales
- Tres aros (ula ula) por equipo.
- El juez deberá tener la lista de textos a memorizar.

Isabel del equipo "Génesis" logro avanzar 2 aros, anota 20 puntos para su equipo

Javier del equipo "Noé" avanzó los 3 aros, por lo tanto, anota 30 puntos para su equipo

Camila del equipo "En el principio" avanzó 3 aros, anota 30 puntos para su equipo

Basta Bíblico

Desarrollo:

1. El moderador presenta una papeleta con los siguientes títulos: LETRA, NOMBRE DE PERSONA, OBJETO, ANIMAL o PLANTA, LUGAR y TOTAL.
2. El moderador exclama comenzando con la letra "A" en voz alta y luego continúa el abecedario en voz baja; un juez dirá ¡BASTA! (también puede utilizar una ruleta). El moderador dirá la letra a jugar, y ahí empieza el conteo de 2 minutos para contestar.
3. El niño que termine primero su papeleta deberá decir en voz alta ¡BASTA!; los participantes de los demás equipos ya no podrán llenar más casillas.
4. Después de jugar las dos letras que se sugieren, los niños entregan sus papeletas; si hay palabras repetidas entre los otros participantes tendrán un valor de 5 puntos, si están correctas y no repetidas tienen un valor de 10 puntos.

Consultas:
No se permiten.

Infracción:
Si el juez ve que un participante sigue llenando su boleta luego de que otro participante haya dicho ¡BASTA! Se les anulan todas las casillas.

Sugerencia:
Jugar tres letras, si fuesen muchos equipos participando, lo puede reducir a dos letras.

Puntaje
Lo acumulado en la papeleta

Tiempo
2 minutos

Participantes
1 por equipo

Modalidad
Simultanea

Materiales
- Una papeleta por equipo
- Un lapicero por equipo

NOMBRE: Lucas Álvarez					EQUIPO: Génesis		
LETRA	NOMBRE DE PERSONA	punteo	OBJETO, ANIMAL O PLANTA	punteo	LUGAR	punteo	TOTAL
E	Eva	10	Almendras	10	Egipto	5	25
M	Merari	10	Madera	10	Mesopotamia	10	30
						TOTAL FINAL	55

NOMBRE: Priscila Amaya					EQUIPO: En el principio		
LETRA	NOMBRE DE PERSONA	punteo	OBJETO, ANIMAL O PLANTA	punteo	LUGAR	punteo	TOTAL
E	Elón	10	Aves	10	Egipto	5	25
M	Manasés	10	---------------------	0	Moab	10	20
						TOTAL FINAL	45

Crucigrama

Desarrollo:

1. A cada equipo se le entrega un crucigrama de 6 preguntas (el mismo crucigrama para todos los equipos).

2. Al dar la señal de inicio, los equipos tienen cinco minutos para contestarlo. Los equipos deben entregar su crucigrama en ese tiempo. Al finalizar los cinco minutos, si no han terminado, se otorga la puntuación a las respuestas correctas. Esto quiere decir 10 puntos por respuesta correcta.

Consultas:

La consulta es permitida solamente entre los 3 participantes del equipo.

Infracción:

Si hubiese consulta con el coach o con los niños del equipo que no están participando, el juez lo indica al moderador y éste anula el crucigrama del equipo, eliminando con ello su participación en este juego únicamente

Ejemplo:

Se proponen tres crucigramas basados en diferentes historias de génesis.

Sugerencia:

Ya que la categoría es de memorización, se sugiere que sean los crucigramas propuestos los que se utilicen en la competencia.

Respuestas:

Puntaje

10 puntos por respuesta correcta

Tiempo

5 minutos

Participantes

3 por equipo

Modalidad

Simultaneo

Materiales

- Una papeleta con el mismo crucigrama para cada equipo
- Un lapicero por equipo

CRUCIGRAMA 1	CRUCIGRAMA 2	CRUCIGRAMA 3
Horizontal	**Horizontal**	**Horizontal**
3 extranjero	3 ángel	5 trescientas
4 labrador	4 Moriah	6 faraón
6 campo	5 Isaac	
		Vertical
Vertical	**Vertical**	1 diez
1 pastor	1 cuchillo	2 Benjamín
2 ofrenda	2 leña	3 Gosén
5 Enós	3 Abraham	4 cinco

Crucigrama 1

Basado en Caín y Abel, Génesis 4

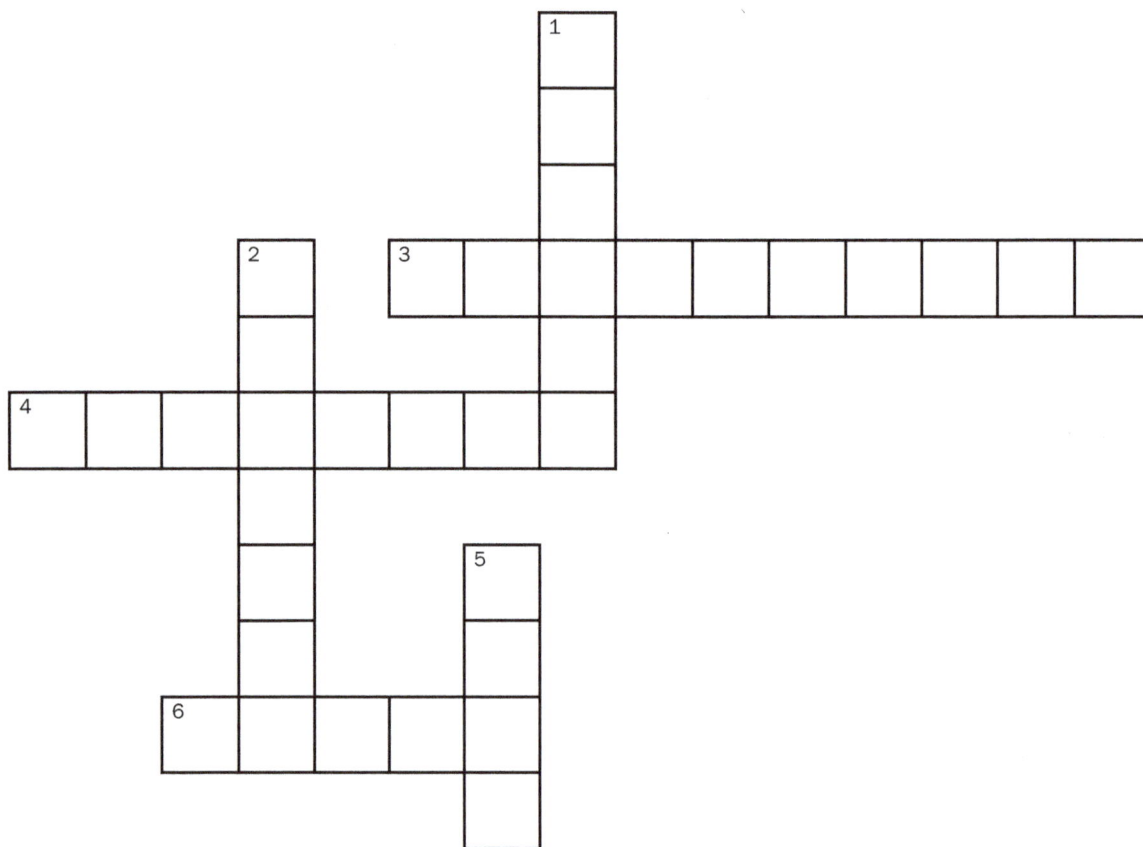

Horizontal

3   ¿Qué sería Caín en la tierra?

4   Caín era .... de la tierra

6   Caín le dijo a su hermano Abel que salieran al .....

Vertical

1   Abel era ..... de ovejas

2   ¿Qué llevaron ante Jehová?

5   ¿Cómo se llamó el hijo de Caín?

Crucigrama 2

Basado en Abraham e Isaac, Génesis 22

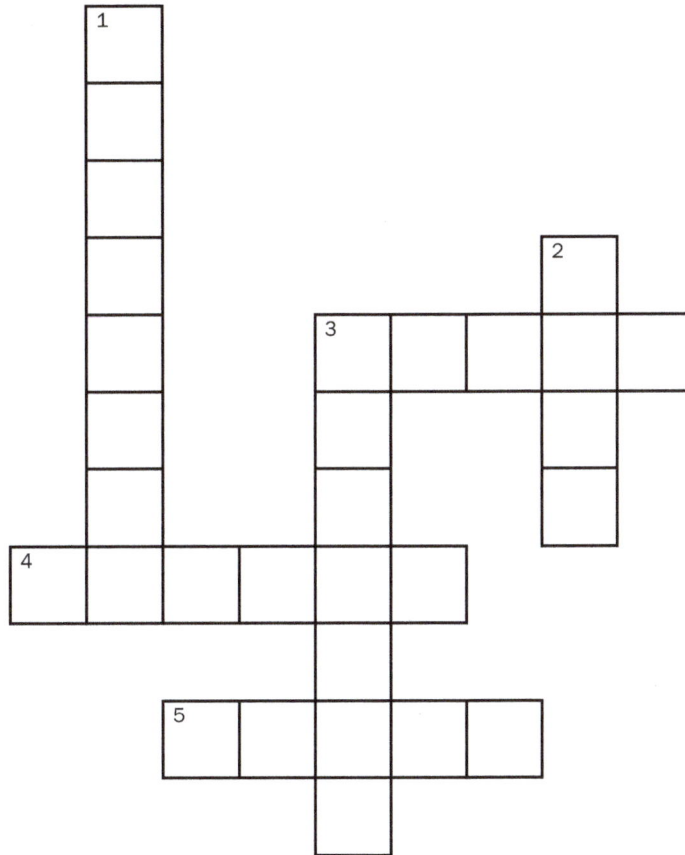

Horizontal

3 ¿Quién detuvo a Abraham?

4 ¿A qué tierra le dijo Dios a Abraham que fueran?

5 ¿A quién amaba Abraham?

Vertical

1 ¿Qué tomó Abraham en su mano?

2 ¿Qué cortó Abraham para el holocausto?

3 ¿A quién quería probar Dios?

Crucigrama 3

Basado en José se da a conocer, Génesis 45

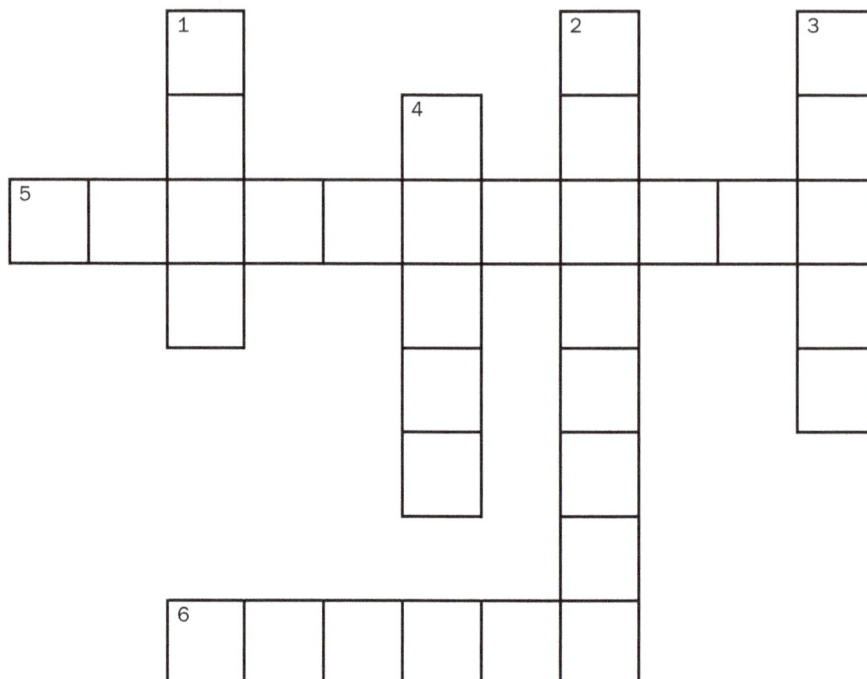

Horizontal

5 ¿Cuántas piezas de plata dio José a Benjamín?

6 ¿En la casa de quién se supo la noticia de los hermanos de José?

Vertical

1 ¿Cuántos asnos envío José a su padre cargados con lo mejor de Egipto?

2 ¿Quién lloró sobre el cuello de José?

3 ¿En qué tierra habitaría la familia de José?

4 ¿Cuántos años quedaban de hambre en la tierra?

Conteste y avance

Desarrollo:

1. El moderador sortea el orden de participación, pega en la pizarra o pared un dibujo para unir con puntos, el cual debe tener 15 puntos a unir. (ver el ejemplo).

2. El primer equipo en participar se para a tres metros de distancia del dibujo, un participante detrás del otro, el moderador les permite elegir un sobre con preguntas y les entrega los marcadores.

3. El moderador lee la primera pregunta, inmediatamente después empiezan a correr los cinco minutos, cada participante tiene 30 segundos para dar su respuesta, si es correcta, traza una línea del dibujo con color negro, si es incorrecta la deberá trazar con color rojo, corre a entregar los marcadores a su compañero y el moderador le lee la siguiente pregunta.

4. Si en 30 segundos no responde el juez lo indica y deberá trazar una línea de color rojo, el moderador dirá la respuesta.

5. El tiempo no se detiene ni se pueden repetir las preguntas.

Consultas:

No se permiten

Infracción:

Si uno de los participantes pasa dos veces seguido, el juez lo indica y les anula una pregunta.

Si uno de los participantes traza dos líneas del dibujo, el juez lo indica y les anula una pregunta.

Si el público dice alguna respuesta en voz alta, el juez lo indica y se deberá trazar una línea roja.

Tomar en cuenta que el tiempo no se detiene en ningún momento.

Ejemplo:

Enseguida encontrará un ejemplo del juego de preguntas y un dibujo.

Puntaje

5 puntos por respuesta correcta

Tiempo

5 minutos

Participantes

2 por equipo

Modalidad

Un equipo a la vez

Materiales

- Un dibujo con 15 puntos a unir para cada equipo.
- Sobres cerrados con juegos de 15 preguntas. (diferentes para cada equipo)
- Dos marcadores, uno negro (correcto), uno rojo (incorrecto).

Conteste y avance Juego de preguntas

1. Complete el siguiente versículo: "Y creó Dios al hombre a su imagen, a imagen de Dios los creó....
   R/ Varón y hembra los creó. Génesis 1:27

2. ¿Cuál era el trabajo de Adán en el huerto de Edén?
   R/ Labrar la tierra y nombrar a los animales (2:15-20)

3. ¿Por qué Dios creó una mujer para el hombre?
   R/ No era bueno que estuviese solo (2:18-20)

4. ¿De qué formó Dios a la mujer?
   R/De una costilla de Adán (2:21-22)

5. ¿Qué le dijo la serpiente a Eva sobre el mandato de Dios?
   R/ ¿Conque os ha dicho Dios: No comáis de todo árbol del huerto? (3:1)

6. ¿Qué dijo la serpiente que pasaría si la mujer comía del árbol que está en medio del huerto?
   R/Sus ojos se abrirían, ella sería como Dios, sabría el bien y el mal. (3:2-5)

7. ¿Quién comió el fruto primero?
   R/La mujer (3:6)

8. ¿Cuándo se dieron cuenta el hombre y la mujer que estaban desnudos?
   R/Después de comer el fruto (3:6-7)

9. ¿Por qué Adán y Eva se escondieron de Dios?
   R/ Tuvieron miedo porque estaban desnudos (3:8-10)

10. ¿A quién culpó el hombre cuando Dios le preguntó si había comido del árbol?
    R/ A la mujer, a Eva (3:11-12)

11. ¿Qué le sucedió a la serpiente?
    R/Dios maldijo a la serpiente (3:14)

12. ¿Qué sucedió por la desobediencia de Adán y Eva?
    R/Dios los sacó del huerto, maldijo la tierra y Eva tendría más dolor en sus preñeces.

13. ¿Por qué Adán llamó el nombre de la mujer Eva?
    R/Porque ella sería madre de todos los vivientes (3:20)

14. ¿Cómo consiguió Adán las túnicas de pieles?
    R/ Dios las hizo (3:21)

15. ¿Con qué guardó Dios el camino del árbol de la vida?
    R/ Con querubines y una espada encendida (3:24)

Conteste y avance dibujo

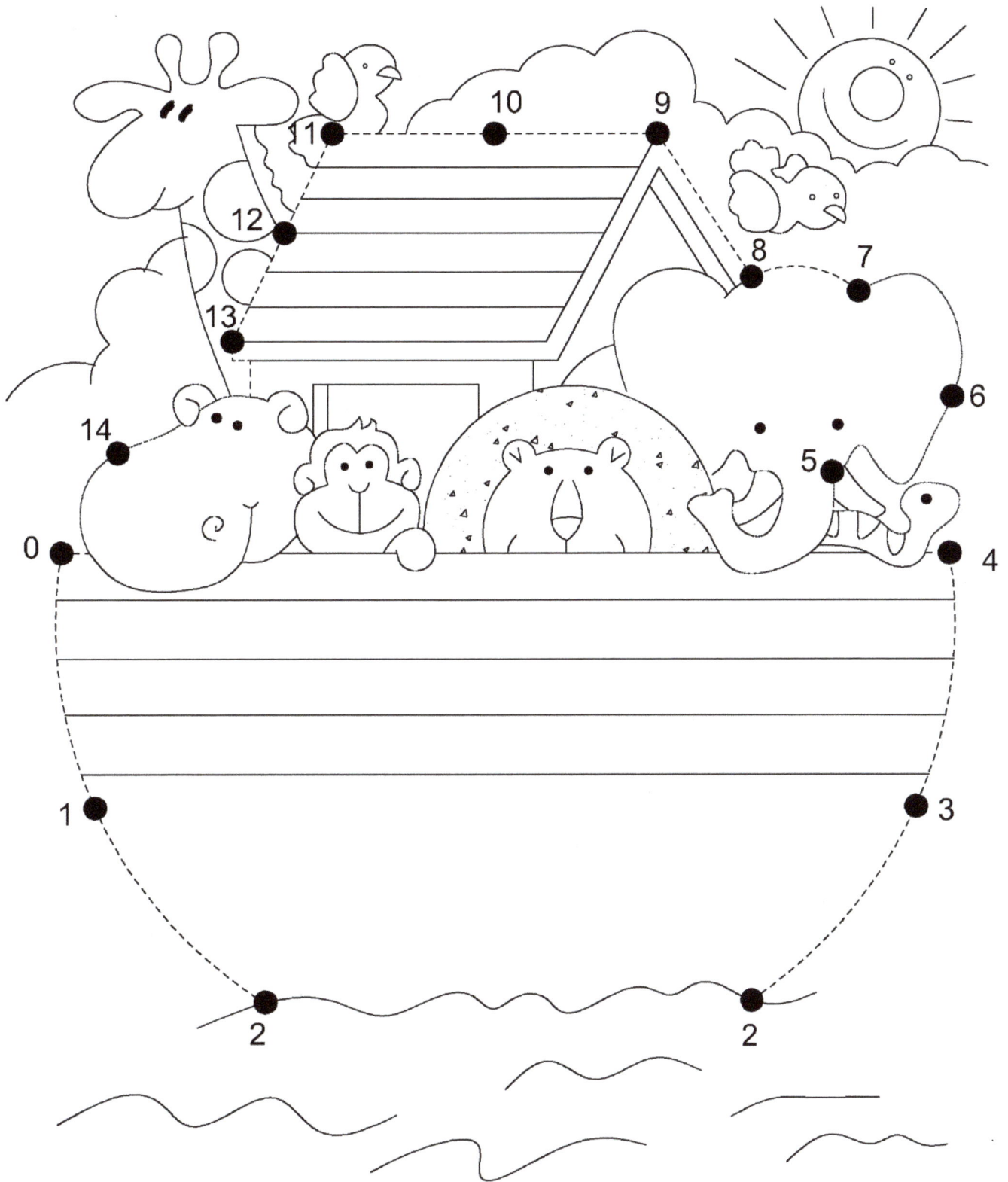

11 10 9

12

13

8 7

6

14

0 4

1

3

2 2

Descubriendo el texto

Desarrollo:

1. El moderador sortea el orden de participación.

2. Deben prepararse tantos textos como equipos a participar. Los textos deben ser diferentes para cada equipo, tomados del listado de textos a memorizar. La extensión de los textos, en su número de letras debe ser similar. Se presentan tarjetas con cada letra del texto, las tarjetas son tamaño un cuarto de carta (4.25 x 5.5 pulgadas) y la letra en proporción al tamaño. Las tarjetas se colocan ocultando la letra pegada en la pizarra o pared y pueden estar numeradas para ubicar más rápido las letras.

3. El participante se para a dos metros de distancia del texto y tiene la oportunidad de elegir cuatro letras, el moderador volteará las tarjetas que tengan las letras elegidas.

4. El participante tiene 1 minuto para descubrir el texto, si es correcto, el juez lo indica y se le anotan 40 puntos, si no lo descubre o no lo dice durante el primer minuto, entonces no acumula puntos.

Consultas:

No se permiten.

Infracción:

Si el participante consulta con su equipo, o el público dice alguna letra en voz alta, se le llama la atención, si vuelve a incurrir en esta infracción, el juez anula su participación en este juego.

Si el equipo o el público dice alguna parte del texto, se anula la participación del equipo en este juego.

Ejemplo:

Puntaje

50 puntos

Tiempo

1 minuto

Participantes

1 por equipo

Modalidad

Un equipo a la vez de forma alternada

Materiales

- Textos bíblicos cubiertos con tarjetas del tamaño de un cuarto de carta. (diferente para cada equipo)

Y		C	R	E	Ó		D	I	O	S		A	L		H	O	M	B	R	E
1		2	3	4	5		6	7	8	9		10	11		12	13	14	15	16	17

A		S	U		I	M	A	G	E	N,		A		I	M	A	G	E	N
18		19	20		21	22	23	24	25	26		27		28	29	30	31	32	33

D	E		D	I	O	S		L	O		C	R	E	Ó;		V	A	R	O	N
34	35		36	37	38	39		40	41		42	43	44	45		46	47	48	49	50

Y		H	E	M	B	R	A		L	O	S		C	R	E	Ó
51		52	53	54	55	56	57		58	59	60		61	62	63	64

G	É	N	E	S	I	S		1	:	2	7
65	66	67	68	69	70	71		72		73	74

El moderador podrá utilizar esta clave para que voltear las tarjetas sea más fácil, sin embargo, se debe crear una de estas por cada texto.

A	10, 18, 23, 27, 30, 47, 57
B	15, 55
C	2, 42, 61
D	6, 34, 36,
E	4, 17, 25, 32, 35, 44, 53, 63, 66, 68
F	------------------------------
G	24, 31, 65
H	12, 52
I	7, 21, 28, 37, 70

J	------------------------------
K	------------------------------
L	11, 40, 58
M	14, 22, 29, 54
N	26, 33, 50, 67
O	5, 8, 13, 38, 45, 49, 59, 64
P	------------------------------
Q	------------------------------
R	3, 16, 43, 48, 56, 62,

S	9, 19, 39, 60, 69, 71
T	------------------------------
U	20
V	46
W	------------------------------
X	------------------------------
Y	1, 51
Z	------------------------------

Dime el personaje

Desarrollo:

Este es un juego de adivinanzas las cuales se basan en personajes; cada adivinanza debe tener de tres a cuatro pistas sobre un personaje del libro a estudiar.

1. El moderador sortea el orden de participación, le permite a cada participante elegir un sobre al azar.

2. El moderador le lee la adivinanza al participante del primer equipo y el niño o niña tiene 1 minuto para dar la respuesta sin consultar con su compañero, si es correcta, el moderador lo indica y el juez le suma 20 puntos a su equipo. Si la respuesta no es correcta o no es contestada en el tiempo determinado, pierde su oportunidad y el moderador da la respuesta correcta, no se le otorgan puntos para el equipo.

3. Luego continua con el participante del siguiente equipo hasta que pasen todos (es decir que se alterna la participación de los equipos, con uno a la vez).

Consultas:

No se permiten.

Infracción:

Si un juez observa que alguno de los participantes consulta con su equipo o el público presente dice en voz alta alguna respuesta, lo indica al momento para que el moderador anule la pregunta y le planteé otra. Si en esta misma competencia, ya se le hubiere llamado la atención a este mismo respecto, se anula la pregunta y pierde su oportunidad.

Puntaje
25 puntos por respuesta correcta

Tiempo
1 minuto

Participantes
2 por equipo

Modalidad
Un equipo a la vez de forma alternada

Materiales
- Sobres con adivinanzas, dos por equipo y algunos extras.

Dime el personaje

Fui creado con el polvo de la tierra, Jehová sopló en mi nariz para darme aliento de vida y fui creado para señorear sobre peces, aves y bestias. ¿quién soy? **R/ ADÁN (Génesis 2:7)**	Soy astuta más que cualquier animal del campo, engañé a Eva para que comiera del árbol que está en medio del huerto ¿quién soy? **R/ LA SERPIENTE (Génesis 3:1-3)**	Soy hijo de Adán y de Eva, mi nombre significa "sustituto", yo también tuve un hijo y lo llamé Enós ¿Quién soy? **R/SET (Génesis 4:25-26)**
Hallé gracia ante los ojos de Jehová, fui varón justo, perfecto en mis generaciones y caminé con Dios; mis hijos son Sem, Cam y Jafet. ¿Quién soy? **R/ NOE (Génesis 6:9-10)**	Jehová me pidió que me fuera de mi tierra y mi parentela a una ciudad que él me mostraría, me fui junto a Saraí mi mujer y mi sobrino Lot, ¿quién soy? **R/ ABRAM (Génesis 12:1-5)**	Soy una mujer vieja y de edad avanzada, Dios cumplió su promesa, me visitó y di a luz un hijo, y dije: "Dios me ha hecho reír" ¿Quién soy? **R/ SARA (Génesis 21:1-6)**
Salí con un cántaro en el hombro, soy hija de Betuel y nieta de Milca y Nacor, le di de beber al siervo y los camellos de Abraham ¿Quién soy? **R/ REBECA (Génesis 24:15-19)**	Peleábamos desde el vientre de nuestra madre, al nacer supieron que somos gemelos, yo soy rubio y velloso y mi hermano nació agarrando a mi calcañar. ¿Quiénes somos? **R/ JACOB Y ESAÚ (Génesis 25:19-26)**	Luche con Jacob en Peniel hasta que rayaba el alba, me pidió que lo bendijera, cambié su nombre por Israel pues había peleado con Dios y con los hombres y venció. ¿Quién soy? **R/ UN ÁNGEL (Génesis 32:22-28)**
Tengo diecisiete años y apaciento las ovejas con mis hermanos, mi padre me ama más que a ellos porque me tuvo en su vejez y me hizo una túnica de diversos colores ¿Quién soy? **R/ JOSÉ (Génesis 37:1-3)**	Libre a José de la mano de nuestros hermanos que querían matarlo, les dije que lo metieran en la cisterna que está en el desierto ¿Quién soy? **R/ RUBÉN (Génesis 37:21-24)**	No quise que matáramos a José nuestro hermano, pues es nuestra propia carne, pero se me ocurrió venderlo a los madianitas mercaderes quienes nos dieron veinte piezas de plata por él. ¿Quién soy? **R/ JUDÁ (Génesis 37:26-28)**
Estamos en la misma cárcel donde José está preso, ambos tuvimos un sueño la misma noche, cada uno con un significado y José los interpretó. ¿Quiénes somos? **R/ EL COPERO Y EL PANADERO (Génesis 40)**	Tuve un sueño y el copero mandó a traer a José para interpretarlo, no encontré a otro hombre con el espíritu de Dios en él, por eso lo puse sobre mi casa y como gobernador de mi pueblo ¿Quién soy? **R/ FARAÓN (Génesis 41)**	Lloré en el cuello de José, él me dio trescientas piezas de plata y cinco mudas de vestido ¿Quién soy? **R/ BENJAMÍN (Génesis 45:14-22)**

Memoria

Desarrollo:

1. El moderador sortea el orden en el que pasan los equipos.
2. Se colocan las fichas en el suelo o en una mesa boca abajo y revueltas.
3. Al dar la señal de inicio, los participantes del primer equipo les dan vuelta a las fichas y tienen 5 minutos para armas las 8 parejas, uniendo el texto bíblico con la cita respectiva.
4. Al terminar las parejas o al acabarse el tiempo, el juez revisa y otorga 10 puntos por pareja correcta.
5. Las fichas se revuelven y se vuelven a colocar en el suelo o mesa para el siguiente equipo.
6. El juez también debe anotar el tiempo en el que cada equipo une los 8 pares, al equipo que lo haga en el menor tiempo, se le entrega una bonificación de 10 puntos.

Los textos deben ser tomados de la lista de textos a memorizar.

Consultas:

Los participantes no pueden consultar con su coach o con otros miembros de su equipo; únicamente entre ellos.

Infracción:

Si el público presente dijere algún texto o cita en voz alta, el juez les descuenta el valor de una pareja.

Ejemplo:

Puntaje

10 puntos por Pareja correcta
10 puntos de bonificación al equipo que lo haga en el menor tiempo

Tiempo

5 minutos

Participantes

2 por equipo

Modalidad

Un equipo a la vez

Materiales

- 16 tarjetas (8 con los textos bíblicos y 8 con la cita respectiva)

En el principio creó Dios los cielos y la tierra	GÉNESIS 1:1
Noé, varón justo, era perfecto en sus generaciones; con Dios caminó Noé.	GÉNESIS 6:9b

Palabra mágica

Desarrollo:

La palabra a descifrar es diferente para cada equipo, únicamente se debe procurar que tengan la misma cantidad de letras (máximo 8).

1. El moderador sortea las papeletas y las coloca boca abajo en una mesa o suelo frente a cada participante.
2. Al dar la señal de inicio, el niño o niña debe voltear su papeleta, la búsqueda comienza a partir de la flecha indicada y el participante debe trazar una línea en cualquier sentido, incluso en diagonal, para unir las letras y encontrar la palabra.
3. Al encontrarla, la escribe debajo.
4. Gana el primer equipo que la descubra correcta y completamente, el juez debe anotar el tiempo en la papeleta. Si hubiese empate, se le otorga puntaje igual a cada equipo. Si un equipo la descubre, pero está incorrecta, el juez que revisa lo indica y este equipo pierde inmediatamente y se continúa el juego con el resto de los participantes.

Si ninguno de los equipos logra descubrirla se quedan sin puntos.

Consultas:

No se permiten.

Infracción:

Si los presentes dicen la palabra en voz alta, el juez lo indica. Este juego se anula, y ningún equipo obtiene puntos.

Palabras a jugar:

5 letras = Jafet, Babel, Jacob, Saraí, Isaac, Rubén.
6 letras = Jehová, Canaán, Rebeca, Raquel, Faraón, Siquem, Egipto.
7 letras = Abraham, Gomorra, Promesa, Becerro, Potifar, Cántaro.
8 letras = Éufrates, Abimelec, Cuchillo, Camellos, Lentejas, Benjamín.

Ejemplo:

Puntaje

20 puntos

Tiempo

1 minuto

Participantes

1 por equipo

Modalidad

Simultaneo

Materiales

- Una papeleta con la palabra a descifrar por equipo.
- Un marcador o lapicero por equipo

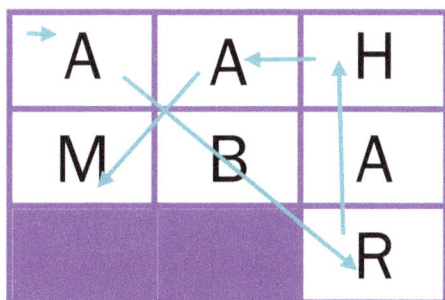

Abraham

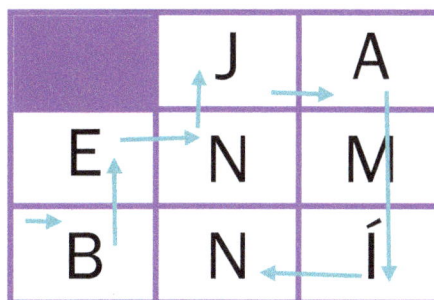

Benjamín

Secuencia de letras

Desarrollo:

1. El moderador sortea los sobres entre los equipos.
2. Se colocan las tarjetas en la pizarra o pared a tres metros de cada equipo y se le proporciona un marcador a cada equipo.
3. Los equipos participan simultáneamente escribiendo un listado de palabras relacionadas a la categoría seleccionada, con la dificultad de que la vocal asignada debe formar una línea en vertical como se muestra en el ejemplo.
4. Los tres participantes de cada equipo formarán una fila, el primer participante se dirige a la pizarra y escribe una palabra, luego retorna a la fila y entrega el marcador al siguiente participante. Éste escribe la segunda palabra y así sucesivamente hasta que termine el tiempo de un minuto.

Los participantes pueden correr o caminar para dirigirse a la pizarra.

Consultas:

No se permiten.

Infracción:

Si el juez observa que están hablando entre los tres participantes de cada equipo se les descuenta el valor de una palabra, o si el público llegara a decir en voz alta alguna palabra, el juez lo indica y se les descuenta el valor de una palabra a todos los equipos.

Ejemplo:

Puntaje

5 puntos por palabra correcta

Tiempo

1 minuto

Participantes

3 por equipo

Modalidad

Simultaneo

Materiales

- Sobres cerrados con la categoría (personajes, lugares, animales y objetos y misceláneos) y la vocal de base para cada equipo.
- Pizarra o cartulinas
- Un marcador por equipo

PERSONAJES "A"

```
        A
    C a í n
E v a
    A d á n
    R a q u e l
    J a c o b
E s a ú
    S a r a
```

LUGARES "E"

```
            E
        E d é n
        E g i p t o
        P e n i e l
S i q u e m
G o s e n
    B e t - e l
```

Sopa de letras

Desarrollo:

1. El moderador coloca las papeletas (iguales para todos los equipos) boca abajo en la mesa o suelo frente a cada equipo; las papeletas deben tener en el título un tema relacionado a la búsqueda, por ejemplo: La creación, José y sus hermanos, etc.
2. Al dar la señal de inicio cada equipo debe dar vuelta a la papeleta y descubrir qué palabras aparecen en forma horizontal, vertical, diagonal, de arriba abajo, de izquierda a derecha o viceversa. Las palabras deben ser encerradas o resaltadas y se deben anotan a la par.
3. El equipo que termine corre hacia el juez asignado y la presenta para revisión (se anota el tiempo). Si el juez observa que está correcta, lo anuncia al moderador. Se detiene la competencia y uno de los participantes lee el listado en voz alta y ganan los 50 puntos.
4. Si la papeleta que lleva el equipo al juez para su revisión, está incorrecta en alguna(s) palabra(s), éste se limitará a decir incorrecta y el equipo seguirá buscando las palabras.

Tiempo máximo para esta competencia 7 minutos. Si durante el tiempo establecido no termina ningún equipo, se califica de acuerdo a las respuestas correctas (esto quiere decir 5 puntos por respuesta correcta).

Consultas:
La consulta será únicamente entre ambos participantes del equipo.

Infracción:
Si consultan con otros fuera de la pareja participante, el juez lo indica y les da una sanción de 30 segundos, no se le da tiempo de reposición.

Puntaje
5 puntos por palabra correcta

Tiempo
7 minutos

Participantes
2 por equipo

Modalidad
Simultaneo

Materiales
- Una Papeleta con la sopa de letras con diez palabras a descubrir por equipo.
- Un marcador resaltador o lapicero por equipo.

Respuestas:

SOPA DE LETRAS 1	SOPA DE LETRAS 2	SOPA DE LETRAS 3
Cielos	Isaac	José
Tierra	Jacob	Costales
Mares	Esaú	Copa
Día	Rebeca	Dinero
Noche	Guisado	Trigo
Lumbreras	Velloso	Benjamín
Animales	Lampiño	Hermanos
Semilla	Bendición	Canaán
Plantas	Vestidos	Plata
Hombre	Cabritos	Vestidos

Sopa de letras 1

Basada en la creación, Génesis 1

C	I	E	L	O	S	P	A	N	V	R	E	C	T	B
Q	U	I	Z	I	Y	U	M	I	A	E	Q	U	J	Q
H	H	N	C	L	E	F	S	V	I	V	O	L	A	E
P	O	O	U	A	T	I	E	R	R	A	A	L	V	S
L	A	M	M	N	D	O	M	O	L	A	G	N	I	A
J	I	T	O	B	E	L	I	R	A	P	O	U	T	R
E	K	M	B	N	R	S	L	E	A	D	T	E	C	E
P	L	M	A	E	R	E	L	C	B	Í	I	R	M	R
L	N	I	J	R	T	U	A	I	A	A	L	A	I	B
A	A	A	R	C	E	G	A	T	R	R	O	M	L	M
N	T	U	S	V	B	S	R	T	O	L	T	I	O	U
T	A	A	A	S	I	E	H	C	O	N	R	L	S	L
A	L	B	A	T	N	A	C	O	T	I	E	L	A	A
S	P	A	N	I	M	A	L	E	S	C	V	A	N	L
I	S	A	B	U	L	Y	A	L	V	I	R	U	Z	E

1.
2.
3.
4.
5.
6.
7.
8.
9.
10.

Sopa de letras 2

Basada en Jacob obtiene la bendición de Isaac, Génesis 27

I	S	A	E	L	G	U	I	S	A	N	T	I	L	O
O	O	Y	J	A	C	O	B	A	G	G	O	Y	A	C
D	N	A	J	A	B	O	R	R	U	A	L	A	B	A
N	O	S	D	B	E	N	D	I	C	I	Ó	N	U	B
I	E	R	O	N	L	A	S	D	I	E	Z	Y	S	R
I	O	G	T	Y	U	A	J	E	R	R	L	S	E	U
S	Ñ	C	V	B	D	J	E	B	E	E	A	O	U	L
A	I	E	R	O	V	J	S	E	B	B	S	D	Q	T
A	P	T	Y	S	D	O	A	C	Y	E	O	I	A	O
R	M	U	I	E	T	T	Ú	O	L	C	N	T	L	L
E	A	O	L	I	I	H	K	D	E	A	C	S	A	A
B	L	A	R	E	B	E	C	S	A	L	E	E	J	M
C	A	B	R	B	M	O	S	O	L	L	E	V	E	P
O	A	B	E	N	T	E	C	I	O	N	D	I	D	I
C	F	U	I	I	S	A	A	C	U	L	L	E	V	R

1.	
2.	
3.	
4.	
5.	
6.	
7.	
8.	
9.	
10.	

Sopa de letras 3

Basada en la copa de José, Génesis 44

C	O	O	P	A	A	V	B	N	M	N	A	S	D	F
A	R	T	E	C	V	S	E	O	Í	R	E	Y	E	R
H	E	R	M	O	G	E	N	M	R	A	R	J	G	T
C	O	P	A	C	V	A	A	I	E	U	G	N	V	G
B	R	B	E	N	J	J	A	P	G	T	A	V	C	B
E	E	E	W	J	N	O	C	M	A	S	S	A	S	V
N	N	N	S	E	T	J	O	S	É	E	C	O	C	H
J	I	J	B	R	R	R	S	F	O	V	D	P	O	E
A	D	A	F	T	I	F	T	C	V	I	Z	I	D	R
M	C	L	T	U	G	V	A	T	T	D	A	U	R	M
O	O	O	P	P	U	A	L	S	V	O	S	H	E	A
T	S	R	A	L	E	E	E	R	C	S	T	V	D	N
F	T	N	L	A	R	V	S	E	D	T	R	I	G	O
C	A	Y	T	T	O	S	H	E	R	M	I	O	V	S
C	C	A	N	A	Á	N	V	E	S	T	L	L	R	U

1.
2.
3.
4.
5.
6.
7.
8.
9.
10.

Termine la historia

Desarrollo:

1. El moderador sortea el orden de participación, se colocan tres sillas en las que deben sentarse los participantes de cada equipo.
2. El moderador inicia la lectura del pasaje bíblico (uno por equipo). En el momento en que uno de los tres participantes del equipo descubre a qué pasaje se refiere, interrumpe al moderador (levantándose de su lugar) para continuar con la narración.
3. El tiempo se empieza a marcar en el momento que el moderador inicia la lectura y se detiene al levantarse el participante. Los jueces anotan este tiempo. El moderador indica al participante que finalice la historia; tiene 1 minuto para hacerlo.
4. Al finalizar los jueces anuncian si es correcto y el tiempo obtenido. Si no es correcto, se limita a decir INCORRECTO.
5. Si los 2 ó 3 participantes del equipo se levantan al mismo tiempo, inmediatamente se sientan dejando participar a uno solo.

El moderador repite el procedimiento con otro pasaje para el equipo siguiente. Gana el equipo que acierte con el final de la historia en el menor tiempo transcurrido durante la lectura que haga el moderador. Así el participante podrá dar más datos del relato. El juez de tiempo deberá estar muy pendiente de cada participante para anotar minutos y segundos en que inicia el niño o la niña y su término.

Consultas:

La consulta entre los 3 participantes del equipo es permitida, pero en voz baja.

Infracción:

Si uno de los participantes se levanta de su lugar, pero olvida continuar con la historia se le dan 15 segundos para que inicie la respuesta. Si se queda callado o se vuelve a sentar, el juez indica al moderador INCORRECTO, finalizando la participación de ese equipo en este juego.

Historias:

- Desobediencia del hombre, 3:1-13
- Promesa del nacimiento de Isaac, 18:1-15
- Dios ordena a Abraham que sacrifique a Isaac, 22:1-13
- Jacob y Esaú, 25:19-34
- José es vendido por sus hermanos, 37:23-36
- José interpreta los sueños de Faraón, 41:17-30
- La copa de José, 44:4-17

Puntaje
50 puntos

Tiempo
1 minuto

Participantes
3 por equipo

Modalidad
Un equipo a la vez

Materiales
- Un pasaje bíblico para cada equipo, no debe ser el mismo, pero debe ser similar en su extensión.
- Tres sillas

CATEGORÍA DE REFLEXIÓN

El coach facilita la lección considerando el objetivo o propuesta de la enseñanza y dialoga con los niños/as del equipo permitiendo que formulen sus dudas. El objetivo de esta categoría es motivar al niño y a la niña a la lectura reflexiva de la Biblia, en cuanto a las enseñanzas espirituales que contiene y el contexto (histórico, cultural, idiomático, etc.) en el que se desenvuelve.

Hágale saber a los niños que aprender es fruto de un esfuerzo personal.

ALGUNAS TÉCNICAS DE REFLEXIÓN:

- Dialogo
- Preguntas dirigidas
- Escucha activa y participación intensa
- Focalizar lo esencial
- Armonizar teoría y práctica

Para una demostración local, distrital, de zona, nacional, etc. el moderador elegirá

2 juegos de reflexión

Los equipos sabrán los juegos que se realizarán únicamente hasta el día de la demostración.

Baúl de los recuerdos

Desarrollo:

1. El moderador sortea el orden en el que pasan los equipos.
2. Irán pasando los participantes uno por uno introduciendo la mano en el baúl sin ver, cuando tenga en sus manos un objeto o figura, tendrá 2 minutos para ir narrando qué le recuerda esta figura relacionada con el tema de estudio.
3. El participante debe relacionar bien su narración con la figura, si es correcto, cada participante anota 10 puntos para su equipo.

El objeto que sacan del baúl queda fuera y no se vuelve a introducir al baúl.

Consultas:

No se permiten.

Infracción:

Si la niña o niño consulta con su compañero o el público dice algo en voz alta, el juez descontará 10 puntos al equipo que incurra en esta infracción.

Puntaje

20 puntos por narración correcta

Tiempo

2 minutos

Participantes

2 por equipo

Modalidad

Un equipo a la vez

Materiales

- Un baúl, ya sea de madera o elaborado con cartón.
- Figuras de cualquier material o impresas para colocar dentro del baúl.

Ejemplo:

Árbol	Cap. 1, 2, 3	Lentejas	25:34
Semillas	Cap. 1	Copa	Cap. 40, 44
Animales	Cap. 1, 7, 8	Trigo	Cap. 41-45
Madera	6:14	Vacas	Cap. 41, 45:10
Ladrillo	Cap. 11	Carros	Cap. 45, 46
Cuchillo	Cap. 22	Túnica	3:21, Cap. 37
Leña	Cap. 22	Ángel	28:12, 32:22
Camellos	Cap. 24	Estrellas	Cap. 1, 15, 37
Cántaro	Cap. 24	Arena	Cap. 22, 32, 41

Buzón de cartas

Desarrollo:

1. El moderador sortea el orden en el que pasan los equipos.
2. Pedirá a uno de los participantes que introduzca la mano en el buzón y elija al azar una carta, la cual tendrá características de un personaje a descubrir.
3. El moderador dará lectura a la carta, inmediatamente después, el equipo tendrá 1 minuto para ponerse de acuerdo y solamente uno de los participantes dirá a qué personaje esta dirigida.
4. Si aciertan, el juez les anota 20 puntos, si su respuesta es incorrecta, no podrán acumular punteo.

Consultas:

Pueden consultar únicamente los participantes del equipo, no pueden consultar con su coach.

Infracción:

Si el público u otro equipo está hablando al momento de la respuesta, el juez lo indica y descuenta 10 puntos al equipo que incurra en esta infracción.

Ejemplo:

Puntaje

50 puntos

Tiempo

1 minuto después de la lectura

Participantes

Todo el equipo

Modalidad

Un equipo a la vez

Materiales

- Cartas con características de personajes. (diferentes para cada equipo).
- Un buzón, puede ser de cualquier material.

Carta 1

Hola, espero que estés muy bien, te escribo porque me enteré que tuviste que salir de tu tierra y de tu parentela y que te diriges a Canaán, me alegra saber que no vas solo, que te acompañan, tu mujer, uno de tus sobrinos y las personas que adquiriste en Harán, seguramente vas a pasar por Bet-el y luego hacia el Neguev, de pronto nos encontramos en el camino, cuídense. **Respuesta: Abram**

Carta 2

Amada amiga, espero que todo marche bien, te escribo esta carta para pedirte que saludes de mi parte a tus abuelos Milca y Nacor, envío saludos también a Betuel tu padre, tengo mucho tiempo de no verte, pero me han contado que tienes un aspecto hermoso, recuerda llevar siempre tu cántaro cuando vayas a la fuente, un día de estos nos encontramos por allí y damos de beber a los camellos. **Respuesta: Rebeca**

¿Cómo lo imaginas?

Desarrollo:

1. El moderador sortea el orden de participación y permite que los participantes elijan un sobre al azar.
2. El moderador abre el sobre del primer participante y da lectura al lugar, el niño o niña tiene un minuto para dar el nombre del evento que sucedió en ese lugar y dar una descripción de cómo imagina ese lugar.
3. El juez considera que tanto el nombre del evento como la descripción del lugar estén acorde al libro de estudio.
4. Si el participante no responde durante el minuto no se le anota el punteo y el moderador menciona el evento, si el participante únicamente dice qué evento sucedió en el lugar, se anota 10 puntos.

Consultas:

No se permiten.

Infracción:

Si el niño o niña consulta con el coach o con otros miembros de su equipo o si el público presente dice algo en voz alta, el juez lo indica y se anula su participación en este juego únicamente.

Puntaje

30 puntos

Tiempo

1 minuto

Participantes

1 por equipo

Modalidad

Un equipo a la vez

Materiales

- Un sobre por equipo con el nombre de algún lugar donde sucedió un evento importante.

Lugares:

LUGAR	EVENTO	DESCRIPCIÓN
Edén, cap. 2-3	Jehová plantó allí un huerto y puso al hombre para que lo guardase.	Permita Que los niños utilicen su imaginación para describir cómo eran estos lugares.
Llanura de la tierra de Sinar, cap. 11	Los hombres construyeron una torre con ladrillos, Jehová confundió sus lenguas y llamó aquel lugar, Babel.	
Fuente de agua, cap. 24	Rebeca da de beber al criado y a los camellos de Abraham.	
Peniel, cap. 32	Jacob lucho con un ángel hasta que rayaba el alba, fue cambiado su nombre por Israel.	

Cartón lleno

Desarrollo:

1. El moderador sortea las cartillas y las coloca boca abajo sobre una mesa o suelo frente a cada participante, entrega a cada participante un bote con maíces, frijoles, botones o tapitas.

2. El moderador da la indicación de que volteen sus cartillas y empieza la lectura del pasaje bíblico, no menor de 10 versículos.

3. El niño o niña deberá escuchar con atención la lectura e irá marcando las palabras que va escuchando. El que llene su cartón primero, grita "CARTÓN LLENO". Y ahí se detiene el tiempo.

4. Si hubiese empate entre equipos se otorgan 30 puntos a cada uno. Si al terminar la lectura del pasaje, ningún participante llena el cartón nadie obtiene puntos. Si hubiese empate en los 2 participantes del mismo equipo únicamente se dan 30 puntos.

Consultas:
No se permiten.

Infracción:
Si el equipo interrumpe o pregunta en la lectura, los jueces descuentan 2 puntos.

Pasajes a jugar:
- Caín y Abel 4:1-10
- Jacob lucha con el ángel en Peniel 32:22-32
- Los sueños de José 37:1-11

Ejemplo de las cartillas:
A continuación, se presenta un ejemplo de las cartillas basadas en el pasaje bíblico "Caín y Abel", en este caso, la palabra clave es Sangre.

Puntaje
30 puntos

Tiempo
Lo que dure la lectura

Participantes
2 por equipo

Modalidad
Simultaneo

Materiales
- Pasaje bíblico seleccionado
- Cartillas tamaño ½ o ¼ de carta, con nueve palabras que se encuentren dentro del pasaje bíblico, deben ser diferentes para cada participante, pero todas deben tener la palabra clave, que preferiblemente es la última de la lectura.
- 9 maíces, frijoles, botones o tapitas por participante.

ADÁN	JEHOVÁ	PASTOR
TIEMPO	SANGRE	DECAYÓ
BIEN	HERMANO	GUARDA

CAÍN	OVEJAS	FRUTO
SEMBLANTE	PECADO	CAMPO
SANGRE	VOZ	ADÁN

SANGRE	ABEL	EVA
LABRADOR	OFRENDA	ENSAÑÓ
PUERTA	LEVANTÓ	PASTOR

VARÓN	TIERRA	ENALTECIDO
GORDO	EVA	SANGRE
DESEO	MATÓ	PECADO

Enunciados (JUEGO NUEVO)

Desarrollo:

1. El moderador coloca la papeleta en la mesa o suelo, boca abajo, frente a cada equipo.
2. Al dar la señal de inicio, los participantes dan vuelta a la papeleta y tendrán 1 minutos para enlazar los lugares o personajes con los enunciados y escribirlos en los espacios provistos.
3. Al finalizar el tiempo, los equipos entregan su papeleta al juez, se otorgan 5 puntos por casilla correcta.

Consultas:

Únicamente entre los dos participantes del equipo.

Infracción:

Si los participantes intentan ver las respuestas de otro equipo, el juez lo incida y se anula su participación en este juego únicamente.

Ejemplo:

Puntaje

5 puntos por casilla correcta

Tiempo

1 minuto

Participantes

2 por equipo

Modalidad

Simultanea

Materiales

- Una papeleta para cada equipo (igual para todos).
- Un lapicero.

La serpiente	Adán	Eva	Noé

Era la más astuta	Del fruto de los árboles del huerto podemos comer	Puso nombre a toda bestia y ave de los cielos
La Serpiente		
Ambos estaban desnudos	Halló gracia ante los ojos de Jehová	Madre de todos los vivientes
Hizo conforme a todo lo que le mandó Jehová	Sobre tu pecho andarás y polvo comerás todos los días de tu vida	Vivió 930 años y murió

Espada de dos filos

Desarrollo:

1. El moderador sortea el orden de participación, le permite a cada participante elegir un sobre al azar.
2. El moderador le lee las preguntas del sobre al participante del primer equipo, a cada una de ellas el niño o niña deberá responder si es falso o verdadero; para ello tendrá 1 minuto a partir de que el moderador empiece la lectura de la primera pregunta.
3. Si el participante no responde correctamente, el moderador dirá la respuesta correcta y leerá la siguiente pregunta.
4. El juez dará 10 puntos por cada respuesta correcta y se debe tomar en cuenta que el tiempo no se detiene.

Consultas:
No se permiten.

Infracción:
Si el participante consulta con su equipo o el público dice en voz alta alguna de las respuestas, el juez lo indica y se anula la participación en este juego.

Ejemplo:
Sobre 1

1. Los hijos de Eva que se mencionan en Génesis son Sem, Cam y Jafet....
   FALSO O VERDADERO   R/ FALSO (4)

2. La ofrenda que agradó a Jehová fue la de Abel
   FALSO O VERDADERO   R/ VERDADERO (4:4)

3. La persona que matara a Caín sería castigada 10 veces
   FALSO O VERDADERO   R/ FALSO (4:15)

Sobre 2

1. Jehová dijo que llovería cuarenta días y cuarenta noches
   FALSO O VERDADERO   R/ VERDADERO (7:4)

2. Noé tenía 700 años cuando entró en el arca
   FALSO O VERDADERO   R/ FALSO (7:11, 13)

3. Los hijos de Noé eran Sem, Caín y Jacob
   FALSO O VERDADERO   R/ FALSO (6:10)

Puntaje
10 puntos por respuesta correcta

Tiempo
1 minuto

Participantes
1 por equipo

Modalidad
Un equipo a la vez de forma alternada

Materiales
- Sobres con tres preguntas diferentes para cada equipo.

Orden de eventos

Desarrollo:

1. El moderador prepara sobres manila con cinco escenas de alguna historia del libro a estudiar.

2. El moderador permite que los participantes elijan un sobre al azar.

3. En cuanto se de la señal de inicio, los participantes deberán sacar las escenas del sobre y tendrán dos minutos para ordenarlas.

4. Pasados los primeros dos minutos, cada participante tendrá un minuto para narrar la secuencia del evento.

Consultas:

No se permiten.

Infracción:

Si el participante consulta con su coach o con alguien de su equipo, el juez lo indica y anula su participación en este juego únicamente.

Ejemplo:

Basado en "La desobediencia del hombre" 3:1-13
(imágenes tomadas de hermanamargarita.com)

Puntaje

50 puntos si las escenas están en orden + 10 puntos si la narración es correcta

Tiempo

2 minutos para ordenar las escenas, 1 minuto para narrar el evento

Participantes

1 por equipo

Modalidad

Simultaneo para ordenar las escenas y un equipo a la vez para explicar

Materiales

- Historias de génesis divididas en 5 escenas.

Siguiendo las huellas

Desarrollo:

1. El moderador sortea el orden de participación y los sobres con los juegos de preguntas.

2. Se colocan en el suelo las 12 huellas y los niños hacen una fila en el inicio, el moderador lee la primera pregunta del primer participante y tiene 30 segundos para dar su respuesta, si es correcta coloca su identificador en la huella 1, si no responde durante los 30 segundos o su respuesta es incorrecta, el moderador da la respuesta correcta y el niño o niña no avanza.

3. Luego continua con el siguiente participante, de forma alternada.

Debe tomar en cuenta que se le deben hacer las 12 preguntas a cada participante, en este juego ganan 5 puntos por huella que avancen.

Consultas:

No se permiten.

Infracción:

Si el público llegara a decir en voz alta la respuesta se le descuentan 10 puntos al equipo que incurra en esta infracción.

Ejemplo:

Puntaje

5 puntos por respuesta correcta

Tiempo

30 segundos para dar la respuesta

Participantes

1 por equipo

Modalidad

Un equipo a la vez de forma alternada

Materiales

- 12 huellas de papel o de cualquier otro material.
- Un sobre con un juego de 12 preguntas diferentes para cada equipo.
- Dos títulos, uno de inicio y otro de meta.
- Identificadores para cada equipo, pueden ser círculos de colores.

Isabel del equipo "Génesis" respondió 9 preguntas anota 45

INICIO 1 3 5 7 9 11 META
        2 4 6 8 10 12

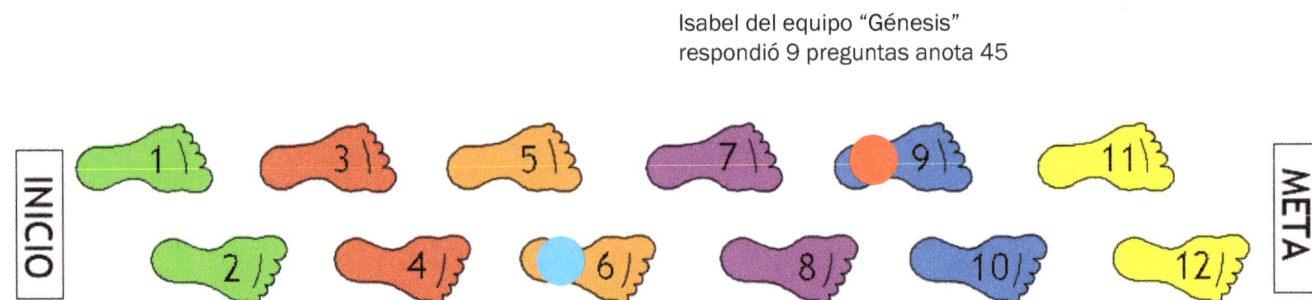

Camila del equipo "En el principio" respondió 6 preguntas anota 30 puntos

CATEGORÍA DE ARTE MANUAL

Las manualidades también pueden ser utilizadas como herramientas didácticas, por lo regular buscan el avance personal, el desarrollo de la creatividad y son una forma de esparcimiento. Se recurre a las manualidades en la etapa temprana de aprendizaje pues permiten el desarrollo de la motricidad gruesa y fina.

Esta categoría les permitirá a los niños/as representar conocimientos bíblicos a través de diferentes expresiones manuales.

ALGUNAS IDEAS:

- Solicite a su presidente de MIEDD que le abastezca con materiales didácticos, papel de diferentes colores y texturas, tijeras, pegamento, lana, brillantina, pajillas, pintura dactilar, temperas, pinceles, etc.
- Realice actividades que permitan a los niños desarrollar su creatividad.

Para una demostración local, distrital, de zona, nacional, etc. el moderador elegirá

1 juego de arte manual

Los equipos sabrán los juegos que se realizarán únicamente hasta el día de la demostración.

Banderas

Desarrollo:

1. El moderador sortea el orden de participación y los sobres con nombres de lugares donde hayan sucedido eventos importantes.
2. Cada equipo dispondrá de 5 minutos para realizar una bandera con elementos que identifiquen el lugar que les corresponde.
3. Pasados los 5 minutos, cada equipo tendrá 1 minuto para dar su explicación.
4. Para este juego se debe tomar la siguiente escala de evaluación:

   Adecuación de los materiales 5-10 puntos
   Creatividad y limpieza   5-10 puntos
   Explicación   5-10 puntos

Consultas:
Únicamente entre los dos participantes del equipo.

Infracción:
Si durante la explicación, el público o algún miembro del equipo interfiere, se le llamará la atención, si vuelve a incurrir se le descuentan 10 puntos al equipo.

Lugares:
- Edén, cap. 2-3
- Ararat, cap. 8
- Sinar, cap. 11
- Moriah, cap. 22
- Peniel, cap. 32
- Cárcel, cap. 39-42

Puntaje
30 puntos

Tiempo
5 minutos para hacer la bandera y 1 para explicar

Participantes
2 por equipo

Modalidad
Simultaneo para hacer la bandera y un equipo a la vez para explicar

Materiales
- Sobres con los lugares
- Media cartulina o tabloides
- Papel de diferentes colores y texturas
- Lápices, marcadores
- Palos de madera o porta globos
- Pegamento, tijeras, lana, etc.

Collage

Desarrollo:

1. El moderador sortea el orden de participación para la explicación y los sobres con los temas para elaborar el collage.
2. Cada equipo dispondrá de 5 minutos para elaborar su collar con elementos que identifiquen el tema que les corresponde.
3. Pasados los 5 minutos, cada equipo tendrá 1 minuto para dar su explicación.
4. Para este juego se debe tomar la siguiente escala de evaluación:

   Adecuación de los materiales 5-10 puntos
   Creatividad y limpieza   5-10 puntos
   Explicación   5-10 puntos

Consultas:
Únicamente entre los tres participantes del equipo.

Infracción:
Si durante la explicación, el público o algún miembro del equipo interfiere, se le llamará la atención, si vuelve a incurrir se le descuentan 10 puntos al equipo.

Temas:
- Caín y Abel, 4:1-10
- El diluvio, 7:1-10
- La torre de babel, 11:1-9
- Isaac y Rebeca, 24:61-67
- Jacob lucha con el ángel en Peniel, 32:22-32
- Los sueños de José, 37:1-11

Puntaje
30 puntos

Tiempo
5 minutos para elaborar el collage y 1 para explicar

Participantes
3 por equipo

Modalidad
Simultaneo para hacer el collage y un equipo a la vez para explicar

Materiales
- Sobres con los temas
- Hojas
- Papel de diferentes colores y texturas
- Lápices, marcadores
- Limpiapipas, ojos, algodón, etc.
- Pegamento, tijeras, lana, etc.

Conteste y dibuje

Desarrollo:

1. El moderador sortea el orden de participación y los sobres con el dibujo base y las cinco preguntas (tanto el dibujo como las preguntas son diferentes para cada equipo).
2. Los participantes deben hacer una fila a 3 metros de distancia de la pizarra o pared donde se pegue el dibujo base.
3. El moderador le lee la primera pregunta al primer participante (después de leer la primera pregunta, se empieza a tomar el tiempo), si él o ella responde correctamente, tendrá la oportunidad de pasar hacer un dibujo sobre el dibujo base. Si no responde, entonces no podrá pasar hacer el dibujo.
4. Al finalizar las cinco preguntas, el moderador pedirá que solo uno de los participantes le diga qué tema o evento se dibujó.
5. Para este juego se toma la siguiente escala de evaluación:

Claridad y limpieza de los dibujos	5-10 puntos
Coordinación en tamaño y espacio	5-10 puntos
Los dibujos se asocian al tema	5-10 puntos

Consultas:

No se permiten, cada participante debe responder su pregunta sin consultar con sus compañeros.

Infracción:

Si otro participante responde la pregunta que se le formula alguno de sus compañeros o si alguien del público dice la respuesta en voz alta, se anula la participación de este equipo, únicamente en este juego.

Temas:

- Caín y Abel, 4:1-10
- El diluvio, 7:1-10
- La torre de babel, 11:1-9
- Isaac y Rebeca, 24:61-67
- Jacob lucha con el ángel en Peniel, 32:22-32
- Los sueños de José, 37:1-11

Puntaje

30 puntos

Tiempo

3 minutos

Participantes

5 por equipo

Modalidad

Un equipo a la vez

Materiales

- Sobres de manila con el dibujo base y el cuestionario de cinco preguntas. (tanto el dibujo como las preguntas son diferentes para cada equipo)
- Masquing tape o sellador
- Marcador.

Emoción-arte

Desarrollo:

Este juego se diseñó pensando en que el coach de cada equipo debe enseñar a los niños sobre emociones y cómo gestionarlas.

1. El moderador sortea el orden para exponer.
2. A cada participante se le entrega una hoja con dos siluetas de rostros (hombre/mujer) y un marcador.
3. El moderador dirá el nombre de un personaje(s) y un evento en el que el personaje(s) sintió alguna emoción, por ejemplo: "Adán y Eva al salir del Edén"
4. Cada participante deberá dibujar las expresiones faciales que correspondan a la emoción que el personaje sintió, para esto, tendrán 1 minuto. (En caso de que se hable de varios personajes como guardias, iglesia, etc. puede usar ambas siluetas).
5. Después del minuto de dibujo, de acuerdo al orden que se sorteó, cada participante les dará una explicación a los jueces sobre la emoción y por qué cree que el personaje la sintió.
6. Para este juego se toma en cuenta la siguiente escala de evaluación:
   Claridad y limpieza del dibujo   5-10 puntos
   Explicación   5-10 puntos

Consultas:

No se permiten.

Infracción:

Si algún participante intenta ver o replicar lo que otro equipo esté haciendo, el juez lo indica y se anula su participación en este juego.

Temas:

- Adán y Eva al salir del Edén, 3:23-24
- Noé, cuando Dios estableció su pacto con él, 9:8-13
- Los hombres al ver que su lenguaje había sido confundido, 11:7-9
- Isaac al ver que iba a ser sacrificado por su padre, 22:9-10
- José al ser vendido por sus hermanos, 37:28
- Los hermanos de José al ver que Benjamín tenía la copa 44:1-17
- José y sus hermanos cuando él se dio a conocer, 45:9-14

Puntaje

20 puntos

Tiempo

1 minuto para dibujar, 1 para exponer

Participantes

1 por equipo

Modalidad

Simultaneo para dibujar y uno a la vez para exponer

Materiales

- Hoja con siluetas de rostros (hombre/mujer)
- Marcadores

molestia	confusión	Decepción	disgusto
vergüenza	alegría	Frustración	furia
felicidad	Inocencia	irritación	soledad
nervios	paz	orgullo	tristeza
miedo	shok	enfermo	chistoso
Asombro	Sospecha	Cansancio	Preocupación

Títere

Desarrollo:

1. El moderador sortea los personajes y el orden en el que los equipos darán su explicación.

2. El moderador dispone la misma cantidad de materiales para cada equipo en una mesa o en el suelo.

3. Tendrán 5 minutos para la elaboración del títere.

4. Pasados los 5 minutos, de acuerdo al orden sorteado, cada equipo hará una presentación creativa de su títere.

5. Se debe tomar en cuenta la siguiente escala de evaluación:

   Limpieza en la elaboración del títere 5-10 puntos

   Creatividad de la presentación   5-10 puntos

   Adecuación de los materiales   5-10 puntos

Consultas:
Se permiten únicamente entre los dos miembros del equipo.

Infracción:
Se le descuentan 5 puntos al equipo que esté hablando entre si cuando otro equipo este haciendo su presentación.

Personajes:
- Adán
- Eva
- Noé
- Abraham
- Isaac
- Jacob
- Sara
- Rebeca
- José
- Benjamín

Puntaje
30 puntos

Tiempo
5 minutos para elaborar el títere
y
1 minuto para la presentación

Participantes
2 por equipo

Modalidad
Simultanea para la elaboración, un equipo a la vez para la presentación

Materiales
- Sobres con los nombres de los personajes.
- Bolsas medianas de papel craft
- Papel de diferentes colores y texturas.
- Marcadores, tijeras, pegamento, lana, ojos móviles, etc.

CATEGORÍA DE ACTUACIÓN

La actuación consiste en representar un personaje de forma integral, para ello es necesario que el actor, el niño/a, conozca el personaje y lo pueda evocar con su expresión corporal y voz.

En esta categoría el objetivo es el de desarrollar en el niño y la niña la habilidad de expresar con su cuerpo un mensaje espiritual que conlleva el estudio de la Palabra de Dios.

ALGUNAS IDEAS:

- Cree un ambiente de respeto y un espíritu positivo en los niños/as para que no se burlen o rían cuando alguno de sus compañeros participe en esta categoría.
- Realice ejercicios que permitan al niño/a ganar confianza en sí mismo y perder la timidez.

Para una demostración local, distrital, de zona, nacional, etc. el moderador elegirá

1 juego de actuación

Los equipos sabrán los juegos que se realizarán únicamente hasta el día de la demostración.

Declamación

Desarrollo:

1. El moderador sortea el orden en el que pasan los equipos.
2. Cada equipo tendrá como máximo 1 minuto para presentar su poema.
3. Se debe considerar la siguiente escala de evaluación:

Ademanes   5-10 puntos

Coordinación entre los 2 miembros del equipo   5-10 puntos

Entonación   5-10 puntos

Letra inédita   5-10 puntos

Contenido relacionado con el tema de estudio   5-10 puntos

Consultas:
No se permiten.

Infracción:
Se le descuentan 5 puntos al equipo que esté hablando entre si cuando otro equipo este haciendo su presentación.

Ejemplo:

¡Brillan, brillan, cientos de estrellas!
Mira ahora los cielos y cuenta cada una de ellas
Dios las hizo con su voz como un poema
Todas son totalmente bellas

¡Brillan, brillan, cientos de estrellas!
Mira ahora los cielos y cuenta cada una de ellas
Si las puedes contar así será tu descendencia
Gracias Señor por su gran resplandor

¡Brillan, brillan, cientos de estrellas!
Mira ahora los cielos y cuenta cada una de ellas
Recojo con entusiasmo tus dulces promesas
En mi simiente será bendita toda la tierra.

Puntaje
50 puntos

Tiempo
1 minuto

Participantes
2 por equipo

Modalidad
Un equipo a la vez

Materiales

Dígalo con mímica

Desarrollo:

1. El moderador sortea el orden de participación y los temas.

2. El equipo asigna a un participante para hacer la mímica, los otros cuatro deberán adivinar el tema con las mímicas de su compañero, para ello tendrán un máximo de 2 minutos.

3. Al estar seguros de la respuesta, la deberán decir, si es correcta anotan el punteo para su equipo, si no es correcta, el moderador dará la respuesta y continuará con el siguiente equipo.

Consultas:

Solamente entre los 4 participantes que deben adivinar el tema.

Infracción:

Si el público presente u otros miembros del equipo interrumpen diciendo posibles respuestas, el juez lo indica y el moderador anula la participación del equipo en este juego únicamente.

Temas:

- Caín y Abel, 4:1-10
- El diluvio, 7:1-10
- La torre de babel, 11:1-9
- Estatua de sal, 19:24-26
- Isaac y Rebeca, 24:61-67
- Jacob lucha con el ángel en Peniel, 32:22-32
- Los sueños de José, 37:1-11

Puntaje

25 puntos

Tiempo

2 minutos

Participantes

5 por equipo

Modalidad

Un equipo a la vez

Materiales

- Sobres con los temas (diferentes para cada equipo).

Dramatización

Desarrollo:

1. El moderador sortea el orden de participación y los temas.

2. Cada equipo tendrá 5 minutos para prepararse con ayuda de su coach, deben tomar en cuenta que el vestuario, escenografía, decoración, etc. lo deben conseguir en ese momento, utilizando lo que este a la mano y que el tema debe ser traído a la actualidad.

3. Pasados los 5 minutos, el moderador pedirá a los coach que se retiren y cada equipo tendrá un máximo de 5 minutos para presentar su drama.

4. Se debe tomar en cuenta la siguiente escala de evaluación

Participación de todo el equipo	5-10 puntos
Capacidad de representación	5-10 puntos
Fluidez del diálogo	5-10 puntos
Uso de los recursos disponibles	5-10 puntos
Conservación de la enseñanza	5-10 puntos

Consultas:

Durante los primeros 5 minutos pueden consultar con el coach y entre ellos, durante la presentación no deben consultarse.

Infracción:

Se descuentan 10 puntos al equipo que estén hablando entre ellos mientras otro equipo se presenta.

Temas:

- Desobediencia del hombre, 3:1-13
- Promesa del nacimiento de Isaac, 18:1-15
- Dios ordena a Abraham que sacrifique a Isaac, 22:1-13
- Jacob y Esaú, 25:19-34
- José es vendido por sus hermanos, 37:23-36
- José interpreta los sueños de Faraón, 41:17-30
- La copa de José, 44:4-17

Puntaje

50 puntos

Tiempo

5 minutos

Participantes

Todo el equipo

Modalidad

Simultaneo para prepararse y un equipo a la vez para presentar el drama

Materiales

- Sobres con los temas (diferente para cada equipo).

Ultima hora

Desarrollo:

1. El moderador sortea el orden de participación y los temas.

2. Cada equipo tendrá 3 minutos para redactar de forma creativa una noticia basada en el tema que les tocó.

3. Pasados los 3 minutos, solamente un participante de cada equipo deberá leer su noticia en un máximo de 1 minuto.

4. Se debe tomar en cuenta la siguiente escala de evaluación:

Creatividad	5-10 puntos
Contenido relacionado con el tema de estudio	5-10 puntos
Fluidez del discurso	5-10 puntos

Consultas:

Únicamente se permiten entre los 4 participantes durante los primeros 4 minutos, además pueden consultar la biblia.

Infracción:

Se descuentan 10 puntos al equipo que estén hablando entre ellos mientras otro equipo se presenta.

Temas:

- Adán y Eva son expulsados del Edén, 3:23-24

- Dios establece su pacto con Noé, 9:8-13

- Confusión del lenguaje, 11:7-9

- La esposa de Lot se convierte en estatua de sal 19:24-26

- Isaac va a ser sacrificado por su padre, 22:9-10

- José es vendido por sus hermanos, 37:28

- Benjamín tiene la copa 44:1-17

Puntaje
30 puntos

Tiempo
4 minutos

Participantes
4 por equipo

Modalidad
Un equipo a la vez

Materiales
- Hojas
- Lapicero

CATEGORÍA DE MÚSICA

La música es el arte de organizar los sonidos de forma sensible y coherente, con armonía, melodía y ritmo; el objetivo de esta categoría es enseñar al niño/a alabar de forma inteligente a Dios, pues lo harán con el conocimiento de la Palabra, con un fundamento bíblico y conocimiento espiritual.

ALGUNAS IDEAS:

- Solicite ayuda a los miembros del ministerio de alabanza.
- Propicie pequeños tiempos de alabanza en sus reuniones con el equipo.
- Identifique si algún niño/a tiene habilidades con los instrumentos o una voz privilegiada.
- Permita que los niños/as participen en la creación del canto inédito, así desarrollaran su creatividad.

Para una demostración local, distrital, de zona, nacional, etc. el moderador elegirá

1 juego de música

Los equipos sabrán los juegos que se realizarán únicamente hasta el día de la demostración.

En cuanto al **CANTO INÉDITO,** este se debe presentar en la demostración final.

Cantando el texto

Desarrollo:

1. El moderador sortea el orden de participación y los textos.
2. Cada equipo tendrá 1 minuto para leer el texto y ponerse de acuerdo.
3. Pasado el primer minuto y conforme al orden de participación, cada equipo presentará su texto cantándolo de forma creativa.
4. Se debe tomar en cuenta la siguiente escala de evaluación:

Creatividad de la presentación	5-10 puntos
Entonación y armonía	5-10 puntos

Consultas:

Durante el primer minuto pueden consultar con su coach.

Infracción:

Se descuentan 10 puntos al equipo que estén hablando entre ellos mientras otro equipo se presenta.

Textos:

Utilice los textos que se encuentran en la lista de textos para memorizar.

Puntaje

20 puntos

Tiempo

2 minutos

Participantes

Todo el equipo

Modalidad

Un equipo a la vez

Materiales

- 1 texto de la lista de textos a memorizar para cada equipo.

Canto inédito

Desarrollo:

Cada equipo deberá escribir un canto relacionado al tema de estudio, esto lo deben hacer con anticipación y ayuda de su coach, también pueden solicitar ayuda a miembros del ministerio de alabanza.

Se deben tomar las siguientes consideraciones:

- Letra inédita (inventada por el equipo)
- Letra relacionada con el tema de estudio.
- Música no necesariamente inédita, (utilizada en el medio cristiano)
- Dos estrofas como mínimo, cuatro como máximo.
- Tiempo máximo de duración tres minutos.

1. El moderador sortea el orden de participación.
2. Cada equipo tendrá un máximo de 3 minutos para presentar su canto, idealmente con música, mímicas y/o coreografía.
3. Se debe tomar en cuenta la siguiente escala de evaluación:

Letra inédita	5-10 puntos
Letra relacionada al tema de estudio	5-10 puntos
Música (entonación, armonía)	5-10 puntos
Creatividad en la presentación	5-10 puntos
Participación del equipo completo	5-10 puntos

Consultas:
No se permiten.

Infracción:
Se descuentan 20 puntos al equipo que estén hablando entre ellos mientras otro equipo se presenta.

Puntaje
50 puntos

Tiempo
3 minutos

Participantes
Todo el equipo

Modalidad
Un equipo a la vez

Materiales
-Los que cada equipo vaya a utilizar.

Ruleta musical

Desarrollo:

1. El moderador sortea el orden de participación y coloca la ruleta al frente de los espectadores.

2. Los participantes hacen una fila en el orden de participación a tres metros de distancia de la ruleta.

3. Cada niño/niña girará la ruleta y acorde al personaje que le corresponda tendrá como máximo 1 minuto para cantar un pequeño jingle musical. (estos jingles musicales deben ser preparados con anticipación con la ayuda del coach).

4. Se debe tomar en cuenta la siguiente escala de evaluación:

Creatividad de la presentación	5-10 puntos
Entonación y armonía	5-10 puntos

Consultas:

No se permiten

Infracción:

Se descuentan 10 puntos al equipo que estén hablando entre ellos mientras otro equipo se presenta.

Personajes:

- Adán
- Eva
- Noé
- Abraham
- Isaac
- Jacob
- Sara
- Rebeca
- José

Puntaje

20 puntos

Tiempo

1 minuto

Participantes

1 por equipo

Modalidad

Un equipo a la vez

Materiales

- Ruleta de personajes

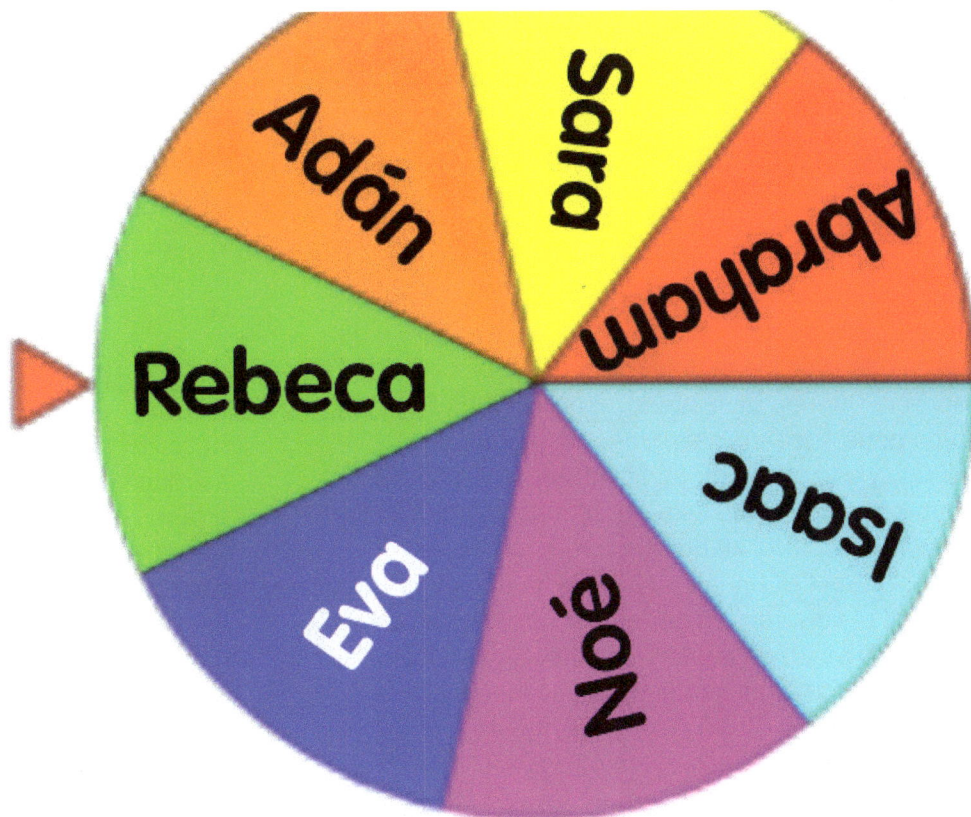

ACTIVIDADES PARA ENSEÑAR EL VERSÍCULO PARA MEMORIZAR

UNA MEMORIZACIÓN DIVERTIDA

Pida a los niños que se sienten formando una línea recta. Dígales que el primer niño debe pararse, decir la primera palabra del versículo, mover animadamente las dos manos en el aire y sentarse. Luego el segundo niño debe pararse, decir la segunda palabra del versículo, mover animadamente las dos manos en el aire y sentarse. Así continuarán hasta que hayan dicho el versículo completo. Si alguien olvida una palabra o se equivoca, permita que los otros niños digan la palabra correcta. Anímelos a decir el versículo rápidamente de modo que sus movimientos se vean como una ola.

PASEN LA BIBLIA

Necesitará una Biblia y un radio o CD de música. Pida a los niños que se sienten formando un círculo. Entregue la Biblia a un niño. Cuando empiece la música, diga a los niños que pasen la Biblia alrededor del círculo. Cuando pare la música, el niño que está sosteniendo la Biblia debe decir el versículo bíblico. Pare la música de manera que cada niño tenga oportunidad de decir el versículo.

UNA CARRERA DE MEMORIZACIÓN

Escriba cada palabra o frase del versículo en un pedazo de papel. Haga dos juegos de palabras, uno para cada equipo. Divida la clase en dos equipos. Frente a cada equipo coloque en el suelo un juego de palabras. Mezcle los papeles para que estén en desorden. Cuando dé la señal, el primer niño de cada equipo debe encontrar la primera palabra del versículo y correr a la meta. El niño pone el papel en el piso y corre a donde está el segundo jugador. Éste recoge la segunda palabra del versículo y corre con ella a la meta. Continúen hasta que un equipo complete el versículo en perfecto orden. Dé tiempo para que el segundo equipo complete su versículo. Luego pida que ambos equipos digan juntos el versículo.

EL VERSÍCULO BIBLICO EN FILA

Escriba cada palabra o frase del versículo en un pedazo de papel. Entregue a cada niño uno de esos papeles. Instruya a los niños que tienen los papeles para que se paren en diferentes lugares del salón y mantengan en alto su papel. Elija a otro alumno para que ponga a los niños en el orden correcto del versículo. Después pida que todos lean juntos el versículo.

JUEGO DE ESCONDITE PARA MEMORIZAR

Prepare papeles y escóndalos con anticipación para esta actividad. Escriba por separado cada palabra del versículo para memorizar en un pedazo de papel. Esconda cada palabra en diferentes lugares del salón. Pida a los niños que encuentren las palabras y las pongan en el orden correcto. Digan juntos el versículo para memorizar.

PÁRATE Y HABLA

Pida a los niños que se sienten formando un círculo. Indique al primer niño o niña que se pare, diga la primera palabra del versículo y se siente. El segundo niño se para, dice la segunda palabra del versículo y se sienta. Continúen hasta que completen el versículo. Anímelos a repetir el juego, pero haciéndolo más rápido que la primera vez. Permita que los niños vean qué tan rápido pueden decir el versículo.

PALABRAS QUE DESAPARECEN

Necesitará una pizarra, pizarra blanca o papel para esta actividad. Escriba el versículo para memorizar en una pizarra o pizarra blanca. Pida a los niños que repitan el versículo. Permita que un niño borre una palabra, y luego pida a los niños que repitan el versículo (incluyendo la palabra que desapareció). Continúen hasta que desaparezcan todas las palabras y los niños digan todo el versículo de memoria. Si no tiene pizarra o pizarra blanca, escriba por separado cada palabra del versículo en un pedazo de papel, y pida a los niños que quiten una palabra a la vez.

Textos a memorizar

En el principio creó Dios los cielos y la tierra.
Génesis 1:1

Y creó Dios al hombre a su imagen, a imagen de Dios lo creó; varón y hembra los creó.
Génesis 1:27

Entonces Jehová Dios dijo a la mujer: ¿Qué es lo que has hecho? Y dijo la mujer: La serpiente me engañó, y comí.
Génesis 3:13

Noé, varón justo, era perfecto en sus generaciones; con Dios caminó Noé.
Génesis 6:9b

Mientras la tierra permanezca, no cesarán la sementera y la siega, el frío y el calor, el verano y el invierno, y el día y la noche.
Génesis 8:22

Mi arco he puesto en las nubes, el cual será por señal del pacto entre mí y la tierra.
Génesis 9:13

No temas, Abram; yo soy tu escudo, y tu galardón será sobremanera grande.
Génesis 15:1b

Mira ahora los cielos, y cuenta las estrellas, si las puedes contar. Y le dijo: Así será tu descendencia.
Génesis 15:5b

Entonces la mujer de Lot miró atrás, a espaldas de él, y se volvió estatua de sal.
Génesis 19:26

Por cuanto has hecho esto, y no me has rehusado tu hijo, tu único hijo; de cierto te bendeciré.
Génesis 22:16b-17a

Cuando se cumplieron sus días para dar a luz, he aquí había gemelos en su vientre.
Génesis 25:24

Y se le apareció Jehová aquella noche, y le dijo: Yo soy el Dios de Abraham tu padre; no temas, porque yo estoy contigo.
Génesis 26:24a

He aquí, yo estoy contigo, y te guardaré por dondequiera que fueres, y volveré a traerte a esta tierra; porque no te dejaré hasta que haya hecho lo que te he dicho.
Génesis 28:15

Y el varón le dijo: No se dirá más tu nombre Jacob, sino Israel; porque has luchado con Dios y con los hombres, y has vencido.
Génesis 32:28

Y amaba Israel a José más que a todos sus hijos, porque lo había tenido en su vejez; y le hizo una túnica de diversos colores.
Génesis 37:3

Respondió José a Faraón, diciendo: No está en mí; Dios será el que dé respuesta propicia a Faraón.
Génesis 41:16

Y Dios me envió delante de vosotros, para preservaros posteridad sobre la tierra, y para daros vida por medio de gran liberación.
Génesis 45:7

más Dios ciertamente os visitará, y os hará subir de esta tierra a la tierra que juró a Abraham, a Isaac y a Jacob.
Génesis 50:24b

E

esgrima infantil

GUIA PARA LA MODALIDAD DE ESGRIMA BÍBLICO CON PREGUNTAS Y RESPUESTAS

ESGRIMA BÍBLICO INFANTIL

El Esgrima Bíblico Infantil es una parte opcional de los *Estudios Bíblicos para Niños*. Cada iglesia, y cada niño o niña, decide si participará en una serie de eventos competitivos.

Las competencias de Esgrima siguen las reglas que se describen en este libro. Los niños no compiten entre sí para determinar a un ganador. Las iglesias no compiten entre sí para determinar a una ganadora.

El propósito del Esgrima es que ayude a los niños a determinar lo que aprendieron acerca de la Biblia, disfrutar de los eventos de competencia, y crecer en su capacidad para mostrar actitudes y conductas cristianas durante los eventos competitivos.

En el Esgrima, cada niño o niña se desafía a sí mismo o a sí misma a fin de alcanzar un nivel digno de premio. En este acercamiento, los niños compiten contra una base de conocimiento, no unos contra otros. El Esgrima usa un acercamiento de opciones múltiples, permitiendo que cada participante responda todas las preguntas. Las preguntas con opciones múltiples ofrecen varias respuestas, y el niño escoge la correcta. Este acercamiento hace posible que todos los niños resulten ganadores.

MATERIALES PARA EL ESGRIMA

Cada niño necesita números en el Esgrima para responder las preguntas. Los números para el Esgrima son cuatro cuadrados de cartón, cada uno de los cuales tiene una etiqueta en el extremo superior con los números 1, 2, 3 y 4 respectivamente. Los números entran en una caja de cartón.

Usted puede hacer las cajas y los números de cartón para el Esgrima, como se ven aquí, se pueden comprar del Nazarene Publishing House en Kansas City, Missouri, Estados Unidos.

Si en su área no consigue las cajas y los números para el Esgrima, puede hacer sus propios números usando cartulina, platos de cartón, madera o el material que tenga disponible. Cada niño necesita un juego de números para el Esgrima.

Cada grupo de niños necesitará a una persona para que anote los puntos por sus respuestas. Al final de esta guía hay una hoja para puntaje de la cual pueden hacer copias. Use esta hoja para puntaje para mantener registro de las respuestas de cada niño.

Si es posible, entregue algún tipo de premio por el desempeño de los niños en cada competencia de Esgrima. Los premios que sugerimos son: certificados, ilustraciones adhesivas (pegatinas), cintas, trofeos o medallas. Al final de esta guía incluimos modelos de certificados.

Por favor, sigan estas reglas. Las competencias que no se realicen de acuerdo con las *Reglas y Procedimientos Oficiales del Esgrima Infantil* no calificarán para otros niveles de competencia.

EDADES Y GRADOS ESCOLARES

Los niños del 1° al 6° grado pueden participar en las competencias de Esgrima Infantil. Los que estén en 7o grado, no importa su edad, participan en el Esgrima de Adolescentes.

TIPOS DE COMPETENCIA

Competencia por Invitación Una competencia por invitación se realiza entre dos o más iglesias. Los directores locales de Esgrima Infantil, directores de zona/área de Esgrima Infantil, o directores distritales de Esgrima Infantil pueden organizar competencias por invitación. Las personas que organicen una competencia por invitación tienen la responsabilidad de preparar las preguntas para la competencia.

Competencia de Zona/Área

Cada distrito puede tener agrupaciones más pequeñas de iglesias que se denominan zonas. Si una zona tiene más esgrimistas que otra, el director distrital de Esgrima Infantil puede separar o combinar las zonas para crear áreas con una distribución más equitativa de esgrimistas. El término "área" significa que las zonas se han combinado o dividido. Las iglesias ubicadas en cada zona/área compiten en esa zona/área. El director distrital de Esgrima Infantil organiza la competencia. En las competencias de zona/ área se usan las preguntas oficiales.

Competencia Distrital

Los niños avanzan de la competencia de zona/área a la competencia de distrito. El director distrital de Esgrima Infantil determina las cualificaciones para la competencia y la organiza.

En las competencias distritales se usan las preguntas oficiales.

Competencia Regional

La competencia regional se realiza entre dos o más distritos. Cuando hay un director regional de Esgrima Infantil, él o ella determina las cualificaciones para la competencia y la organiza.

Si no hay un director regional, los directores de los distritos participantes organizan la competencia. En las competencias regionales se usan las preguntas oficiales.

Competencia Mundial de Esgrima

Cada cuatro años, la Oficina General de Esgrima Infantil en conjunto con Ministerios de Escuela Dominical y Discipulado Internacional patrocina un Esgrima Mundial. La Oficina General de Esgrima Infantil determina las fechas, los lugares, los costos, las fechas de las eliminatorias, y el proceso eliminatorio general para todas las competencias de Esgrima Mundial.

Envíe un mensaje electrónico a ChildQuiz@nazarene.org para solicitar más información.

DIRECTOR DISTRITAL DE ESGRIMA INFANTIL

El director distrital de Esgrima Infantil realiza todas las competencias de acuerdo con las Reglas y Procedimientos Oficiales del Esgrima Infantil. Él o ella tiene la autoridad para agregar procedimientos adicionales de Esgrima en el distrito, siempre y cuando no estén en conflicto con las Reglas y Procedimientos Oficiales del Esgrima Infantil. Cuando es necesario, el director distrital de Esgrima Infantil se pone en contacto con la Oficina General de Esgrima Infantil, para solicitar un cambio específico en las Reglas y Procedimientos Oficia-les del Esgrima Infantil para un distrito. El director distrital de Esgrima Infantil hace decisiones y resuelve problemas dentro de las directrices de las Reglas y Procedimientos Oficiales del Esgrima Infantil. Si es necesario, el director distrital de Esgrima Infantil se pone en contacto con la Oficina General de Esgrima Infantil para solicitar una decisión oficial respecto a una situación específica.

DIRECTOR REGIONAL DE ESGRIMA INFANTIL

El director regional de Esgrima Infantil crea un equipo regional de liderazgo de Esgrima Infantil, que consiste de todos los directores distritales de Esgrima Infantil en la región. El director regional de Esgrima Infantil permanece en contacto con este equipo para que los procedimientos se mantengan consistentes en toda la región. Él o ella realiza y organiza las competencias regionales de acuerdo con las Reglas y Procedimientos Oficiales del Esgrima Infantil. El director regional de Esgrima Infantil se pone en contacto con la Oficina General de Esgrima Infantil para solicitar cualquier cambio en las Reglas y Procedimientos Oficiales del Esgrima Infantil para una región específica. Ante cualquier conflicto que pudiera surgir, él o ella lo resuelve aplicando las directrices de las Reglas y Procedimientos Oficiales del Esgrima Infantil. Si es necesario, el director regional de Esgrima Infantil se pone en contacto con la Oficina General de Esgrima Infantil para solicitar una decisión oficial respecto a una situación específica. Él o ella se pone en contacto con la Oficina General de Es-grima Infantil para incluir la fecha del es-grima regional en el calendario de la iglesia general.

En los Estados Unidos y Canadá, el cargo de director regional de Esgrima Infantil es un puesto en desarrollo. Actualmente esa persona no preside sobre los directores distritales de Esgrima Infantil en la región.

MODERADOR DEL ESGRIMA

El moderador lee las preguntas en la competencia de Esgrima. El moderador lee dos veces la pregunta y las respuestas de opción múltiple antes que los niños respondan la pregunta. Él o ella sigue las Reglas y Procedimientos Oficiales del Esgrima Infantil establecidos por la Oficina General de Esgrima Infantil y el director distrital/coordinador regional de Esgrima Infantil. En caso de un conflicto, la autoridad final es el director distrital/regional de Esgrima Infantil, quien consulta las Reglas y Procedimientos Oficiales del Esgrima Infantil. El moderador puede participar en diálogos con los anotadores del puntaje 153 y el director distrital/regional de Esgrima Infantil respecto a un cuestionamiento. El moderador puede establecer un receso.

ANOTADOR DEL PUNTAJE

El anotador del puntaje lleva registro de las respuestas de un grupo de niños. Él o ella puede participar en diálogos con los anotadores del puntaje y el director distrital/regional de Esgrima Infantil respecto a un cuestionamiento. Todos los anotadores del puntaje deben usar el mismo método y los mismos símbolos para asegurar el conteo correcto de los puntos.

PREGUNTAS OFICIALES DEL ESGRIMA

El director distrital de Esgrima Infantil es la única persona en el distrito que pue-de obtener una copia de las preguntas oficiales de la competencia de zona/área y distrito.

El director regional de Esgrima Infantil es la única persona en la región que puede obtener una copia de las preguntas oficia-les de la competencia regional. Si no hay un director regional de Esgrima Infantil, un director distrital de Esgrima Infantil, cuyo distrito esté participando, puede obtener una copia de las preguntas oficiales de la competencia regional.

Cada año se enviarán por correo electrónico los formularios para solicitar las preguntas oficiales anuales. Contacte la Oficina General de Esgrima Infantil en ChildQuiz@nazarene.org para actualizar su dirección electrónica. A quienes las soliciten, las preguntas oficiales les llegarán por correo electrónico.

MÉTODOS DE COMPETENCIA

Hay dos métodos de competencia.

Método Individual

En el método individual de competencia, los niños compiten como individuos. El puntaje de cada niño está separado de todos los demás puntajes. Los niños de una misma iglesia pueden sentarse juntos, pero los puntajes individuales no se suman para obtener un puntaje como iglesia o equipo. No hay preguntas adicionales para los esgrimistas individuales.

El método individual es el único que se puede usar para la competencia de Nivel Básico.

Método Combinado

El método combinado une la competencia de esgrima individual y la de equipo. En este método, las iglesias pueden enviar esgrimistas individuales, equipos o una combinación a la competencia.

El director distrital de Esgrima Infantil determina el número de niños que se necesitan para formar un equipo. Todos los equipos deben tener el mismo número de esgrimistas. El número de niños que se recomienda para un equipo es cuatro o cinco.

Los niños de iglesias que no tienen suficientes esgrimistas para formar un equipo, pueden competir como esgrimistas individuales.

En el método combinado, los equipos califican para preguntas adicionales. Los puntos adicionales, otorgados por una respuesta correcta a una pregunta adicional, llegan a ser parte del puntaje total del equipo en vez de contarse como puntaje individual de un esgrimista. Hay preguntas adicionales con las preguntas oficiales para las competencias de zona/área, distrital y regional. Generalmente las preguntas adicionales consisten en decir un versículo de memoria.

El director distrital de Esgrima Infantil selecciona ya sea el método individual o el método combinado para la competencia de Nivel Avanzado.

EMPATES

Cuando esgrimistas individuales o equipos obtienen el mismo puntaje final, nunca se hace el desempate. Todos los esgrimistas individuales o equipos que empaten reciben el mismo reconocimiento, el mismo premio, y avanzan igualmente al siguiente nivel de competencia

PREGUNTAS ADICIONALES

Las preguntas adicionales son parte del Nivel Avanzado, pero solamente con equipos, no individuos. Los equipos deben calificar para una pregunta adicional. Las preguntas adicionales se hacen después de las preguntas 5, 10, 15 y 20.

A fin de calificar para una pregunta adicional, un equipo sólo puede tener tantas respuestas incorrectas como el número de miembros que hay en el equipo. Por ejemplo, un equipo de cuatro miembros puede tener cuatro o menos respuestas incorrectas.

Un equipo de cinco miembros puede tener cinco o menos respuestas incorrectas. Los puntos adicionales por una respuesta correcta llegan a ser parte del puntaje total del equipo, no del puntaje individual del niño.

El director distrital de Esgrima Infantil determina la manera en que los niños responden las preguntas adicionales. En la mayoría de los casos, el niño da la respuesta oralmente al anotador del puntaje.

Antes que se lea la pregunta adicional, el director local de Esgrima Infantil escoge a un miembro del equipo para que responda la pregunta adicional. El mismo niño puede responder todas las preguntas adicionales en una competencia, o un niño diferente puede responder cada pregunta adicional.

RECESOS [TIEMPO MUERTO]

El director distrital de Esgrima Infantil determina el número de recesos para cada iglesia. Cada iglesia recibe el mismo número de recesos, sin importar el número de esgrimistas individuales o equipos que tenga esa iglesia. Por ejemplo, si el director distrital decide dar un receso, cada iglesia recibe un receso.

El director distrital de Esgrima Infantil determina si habrá un receso automático durante la competencia, y el momento específico en que se dará el receso en cada competencia.

El director local de Esgrima Infantil es la única persona que puede pedir un receso para el equipo de una iglesia local.

El director distrital de Esgrima Infantil o el moderador puede pedir un receso en cualquier momento.

El director distrital de Esgrima Infantil, antes que empiece la competencia, determina la duración máxima de los recesos para la competencia.

PUNTAJE

Hay dos métodos para ganar puntos. El director distrital de Esgrima Infantil selecciona el método.

Cinco Puntos

- Dar cinco puntos por cada respuesta correcta. Por ejemplo, si un niño responde correctamente 20 preguntas en una vuelta de Nivel Avanzado, el niño gana un total de 100 puntos.

- Dar cinco puntos por cada respuesta adicional correcta en una vuelta de Nivel Avanzado de Esgrima en equipo. Por ejemplo, si cada miembro de un equipo de cuatro personas responde correctamente 20 preguntas en una vuelta de Nivel Avanzado, y el equipo responde correctamente cuatro preguntas adicionales, el equipo gana un total de 420 puntos.

En el Nivel Básico el puntaje será menor porque sólo hay 15 preguntas en cada vuelta, y solamente es una competencia individual.

Un Punto

Dar un punto por cada respuesta correcta de la siguiente manera:

- Dar un punto por cada respuesta correcta. Por ejemplo, si un niño responde correctamente 20 preguntas en una vuelta de Nivel Avanzado, el niño gana un total de 20 puntos.

- Dar un punto por cada respuesta adicional correcta en una vuelta de Nivel Avanzado de Esgrima en equipo. Por ejemplo, si cada miembro de un equipo con cuatro personas responde correctamente 20 preguntas en una vuelta de Nivel Avanzado, y el equipo responde correctamente cuatro preguntas adicionales, el equipo gana un total de 84 puntos.

En el Nivel Básico el puntaje será menor porque sólo hay 15 preguntas en cada vuelta, y solamente es una competencia individual.

CUESTIONAMIENTOS

Los cuestionamientos deben ser una excepción y no son comunes durante una competencia.

Presente un cuestionamiento sólo cuando la respuesta marcada como correcta en las preguntas es realmente incorrecta de acuerdo con la referencia bíblica dada para esa pregunta. Los cuestionamientos presentados por cualquier otra razón son inválidos.

Un esgrimista, un director de Esgrima Infantil, o cualquier otro participante en la competencia no puede presentar un cuestionamiento porque le desagrade la redacción de una pregunta o respuesta, o porque piense que una pregunta es demasiado difícil o confusa.

El director local de Esgrima Infantil es la única persona que puede presentar el cuestionamiento de una pregunta de la competencia.

Si una persona, que no sea el director local de Esgrima Infantil, intenta presentar un cuestionamiento, éste automáticamente se considera como "inválido".

Las personas que presentan cuestionamientos inválidos interrumpen la competencia y causan que los niños pierdan la concentración. Las personas que continuamente presenten cuestionamientos inválidos, o creen problemas discutiendo acerca de la decisión respecto a un cuestionamiento, perderán su privilegio de cuestionar preguntas por el resto de la competencia.

El director distrital de Esgrima Infantil, o el moderador en caso de ausencia del director distrital de Esgrima Infantil, tiene la autoridad para quitar el privilegio de cuestionar preguntas a alguna persona o a todas las personas que abusen de ese privilegio.

El director distrital de Esgrima Infantil determina cómo cuestionar una pregunta de la competencia antes del inicio de la competencia.

- ¿Será el cuestionamiento escrito o verbal?

- ¿Cuándo puede una persona cuestionar (durante una competencia o al final de ésta)?

En el inicio del año de esgrima, el director distrital de Esgrima Infantil debe explicar a los directores locales de Esgrima Infantil el procedimiento para presentar cuestionamientos.

El moderador y el director distrital de Esgrima Infantil seguirán los siguientes pasos para decidir respecto al cuestionamiento.

- Determinen si el cuestionamiento es válido o inválido. Para hacerlo, escuchen la razón del cuestionamiento. Si la razón es válida, es decir, la respuesta dada como la respuesta correcta es incorrecta de acuerdo con la referencia bíblica, sigan los procedimientos para cuestionamientos que el distrito ha formulado.

- Si la razón del cuestionamiento es inválida, anuncien que el cuestionamiento es inválido y la competencia continúa.

Si más de una persona cuestiona la misma pregunta, el moderador o el director distrital de Esgrima Infantil selecciona a un director local de Esgrima para que explique la razón del cuestionamiento.

Después que una pregunta tiene un cuestionamiento, otra persona no puede cuestionar la misma pregunta.

Si un cuestionamiento es válido, el director distrital de Esgrima Infantil, o el moderador en caso de que esté ausente el director, determina cómo proceder con la pregunta cuestionada. Elija una de las siguientes opciones:

Opción A: Eliminar la pregunta y no remplazarla. El resultado es que una competencia de 20 preguntas será sólo de 19 preguntas.

Opción B: Dar a cada niño los puntos que él o ella recibiría por una respuesta correcta a la pregunta cuestionada.

Opción C: Remplazar la pregunta cuestionada. Hacer una pregunta nueva a los esgrimistas.

Opción D: Dejar que los niños que die-ron la respuesta que aparecía como la respuesta correcta en las preguntas oficiales conserven sus puntos. Dar otra pregunta a los niños que dieron una respuesta incorrecta.

NIVELES DE PREMIOS

El Esgrima Infantil tiene la filosofía de que todo niño tiene una oportunidad de responder a todas las preguntas, y que todo niño recibe reconocimiento por todas las respuestas correctas que da. Por tanto, el Esgrima Infantil usa la competencia de opciones múltiples, y los empates nunca se deshacen.

Los niños y las iglesias no compiten entre sí. Compiten para alcanzar un nivel de premiación. Todos los niños y todas las iglesias que alcanzan el mismo nivel de premiación, reciben el mismo premio. Los empates quedan como puntajes empatados.

Niveles de Premios que se Recomiendan:

- Premio de Bronce = 70-79% de respuestas correctas
- Premio de Plata = 80-89% de respuestas correctas
- Premio de Oro = 90-99% de respuestas correctas
- Premio Estelar de Oro = 100% de respuestas correctas Hagan todas las decisiones sobre puntajes y cuestionamientos antes de entregar los premios.

El moderador y los anotadores de puntaje deben estar seguros de que todos los puntajes finales son correctos antes de la entrega de premios.

Nunca le quiten el premio a un niño después que éste lo haya recibido. Si hay un error, los niños pueden recibir un premio superior, pero no un premio inferior. Esto se aplica a los premios individuales y a los premios de equipos.

ÉTICA EN LA COMPETENCIA

El director distrital de Esgrima Infantil es la persona en el distrito que tiene la responsabilidad de realizar las competencias de acuerdo con las Reglas y Procedimientos Oficiales del Esgrima Infantil.

- Escuchar las Preguntas Antes de la Competencia. Puesto que las competencias usan las mismas preguntas, no es apropiado que los niños y trabajadores asistan a otra competencia de zona/área, distrital o regional antes de participar en su propia competencia del mismo nivel. Si un trabajador adulto de Esgrima asiste a otra competencia, el director distrital de Esgrima Infantil puede hacer la decisión de descalificar a la iglesia de participar en su competencia. Si un padre y/o niño asiste a otra competencia, el director distrital de Esgrima Infantil puede hacer la decisión de descalificar a la iglesia de participar en su competencia.

- Conducta y Actitudes del Trabajador. Los adultos deben comportarse en una manera profesional y cristiana. Los diálogos respecto a desacuerdos con el director distrital de Esgrima Infantil, el moderador o los anotadores de punta-je deben realizarse en privado. Los trabajadores adultos de Esgrima no deben compartir con los niños información acerca del desacuerdo. Una actitud de cooperación y buen espíritu deportivo son importantes. Las decisiones y los fallos del director distrital de Esgrima Infantil son finales. Comunique estas decisiones en un tono positivo a los niños y adultos.

TRAMPA

Hacer trampa es algo serio. Trátelo seriamente. El director distrital de Esgrima Infantil, en diálogo con el Concilio de Ministerios de Niños del distrito, determina el procedimiento a seguir en caso de que un niño o un adulto haga trampa durante una competencia.

Asegúrese de que todos los directores locales de ministerios de niños, los pasto-res de niños y los directores locales de Es-grima Infantil reciban las reglas y procedimientos del distrito. Antes de acusar a un adulto o a un niño de haber hecho trampa, tenga pruebas o un testigo de que hubo trampa.

Asegúrese de que la competencia de esgrima continúe y que la persona acusa-da de hacer trampa no sea avergonzada delante de otros. El siguiente es un modelo de procedimiento.

- Si sospecha que un niño hizo trampa, pida a alguien que actúe como juez para observar las áreas, pero no señale a algún niño de quien se sospeche. Después de algunas preguntas, pida la opinión del juez. Si el juez no vio ninguna trampa, continúe con la competencia.
- Si el juez vio a un niño haciendo trampa, pídale al juez que lo confirme. No tome ninguna acción hasta que todos estén seguros.
- Explique el problema al director lo-cal de Esgrima Infantil, y pida al director que hable en privado con la persona acusada.

- El moderador, el juez y el director local de Esgrima Infantil deben observar si se continúa haciendo trampa.
- Si continúa haciendo trampa, el moderador y el director local de Es-grima Infantil deben hablar en privado con la persona acusada.
- Si continúa haciendo trampa, el moderador debe comunicar al director local de Esgrima Infantil que eliminará el puntaje del niño de la competencia oficial.
- En el caso de que un anotador de puntaje haya hecho trampa, el director distrital de Esgrima Infantil le pedirá al anotador que se retire, y otro anotador de puntaje ocupará su lugar.
- En el caso de que alguien de la audiencia haga trampa, el director distrital de Esgrima Infantil se hará cargo de la situación en la manera más apropiada.

DECISIONES NO RESUELTAS

Consulte con la Oficina General de Esgrima Infantil respecto a decisiones que no se hayan resuelto.

Recursos adicionales

Puede descargar recursos adicionales aquí:

www.MieddRecursos.MesoamericaRegion.org

PREGUNTAS PARA LA COMPETENCIA BÁSICA

Las preguntas para la Competencia Básica están después cada estudio bíblico.

PREGUNTAS PARA LA COMPETENCIA AVANZADA

Génesis 1:1-31; 2:2-3, 7.

1. *¿Cómo estaba la tierra antes de la creación (1:2)*
   1. Desordenada
   2. Vacía
   3. Cubierta de tinieblas
   4. Todas las respuestas son correctas.

2. *¿Qué sucedió a las aguas el tercer día? (1:9-11)*
   1. Se secaron.
   2. Se juntaron en el cielo.
   3. Se juntaron en un lugar como mares.
   4. Todas las respuestas son correctas.

3. *¿Qué creó Dios el cuarto día? (1:16, 19)*
   1. El sol, la luna y las estrellas
   2. Plantas y árboles
   3. Aves y vida en las aguas
   4. Animales y personas

4. *En el sexto día, ¿qué creó Dios según su género y especie? (1:25)*
   1. Animales de la tierra
   2. Ganado
   3. Todo animal que se arrastra sobre la tierra
   4. Todas las respuestas son correctas.

5. *¿A la imagen de quién creó Dios al hombre? (1:26)*
   1. De los animales
   2. De Dios
   3. De la tierra
   4. Del cielo

6. *Cuando Dios creó al hombre y a la mujer, ¿qué les dijo? (1:28)*
   1. "Llenad la tierra y sojuzgadla".
   2. "Señoread en los peces del mar, en las aves de los cielos, y en todas las bestias que se mueven sobre la tierra".
   3. "Fructificad y multiplicaos".
   4. Todas las respuestas son correctas.

7. *¿Qué les dio Dios al hombre y a la mujer para que comiesen? (1:29-30)*
   1. Plantas y frutos que dan semilla
   2. Aves
   3. Animales
   4. Todas las respuestas son correctas.

8. *Completen este versículo: "Y vio Dios todo lo que había hecho..." (Génesis 1:31)*
   1. "... y se entristeció".
   2. "... y necesitó reposar".
   3. "... y he aquí que era bueno en gran manera".
   4. Todas las respuestas son correctas.

9. *¿Por qué Dios bendijo el séptimo día y lo santificó? (2:3)*
   1. Él estaba cansado.
   2. Ese día Él reposó de toda la obra que había hecho en la creación.
   3. No se le ocurría qué más podía crear.
   4. Él deseaba ir a la iglesia.

10. *¿De qué formó Dios al hombre? (2:7)*
    1. Del polvo de la tierra
    2. Del aire
    3. Del agua
    4. De las plantas

Génesis 2:15-25; 3:1-24.

1. *¿Por qué puso Dios al hombre en el huerto?* *(2:15)*

   1. Para labrar y guardar el huerto

   2. Para proteger a la mujer de los animales

   3. Porque el resto del mundo estaba desordenado

   4. Todas las respuestas son correctas.

2. *¿De qué formó Dios a la mujer? (2:21-22)*

   1. Del aire

   2. Del agua

   3. De una costilla de Adán

   4. De nada

3. *¿Quién preguntó: ¿Conque Dios os ha dicho: No comáis de todo árbol del huerto? (3:1)*

   1. La serpiente

   2. La mujer

   3. El hombre

   4. El querubín

4. *¿Qué dijo la serpiente que pasaría si la mujer comía del árbol en medio del huerto? (3:2-5)*

   1. Sus ojos se abrirían.

   2. Ella sería como Dios.

   3. Sabría el bien y el mal.

   4. Todas las respuestas son correctas.

5. *¿Cuándo se dieron cuenta el hombre y la mujer de que estaban desnudos? (3:6-7)*

   1. Cuando la serpiente se los dijo

   2. Cuando Dios los llamó en el huerto

   3. Después que comieron el fruto

   4. Todas las respuestas son correctas.

6. *¿Qué sucedió por la desobediencia de Adán y Eva? (3:14-19)*

   1. Dios los sacó del huerto.

   2. Dios maldijo la tierra.

   3. La mujer tendría más dolor en sus preñeces.

   4. Todas las respuestas son correctas.

7. *¿Por qué Adán llamó el nombre de la mujer, Eva? (3:20)*

   1. Porque era hermosa

   2. Porque sería madre de todos los vivientes

   3. Porque era su nombre favorito

   4. Porque vivían en el huerto del Edén

8. *¿Qué sucedió después que Dios hizo túnicas para Adán y Eva? (3:21-24)*

   1. Dios los vistió.

   2. Fueron echados del huerto del Edén.

   3. Dios puso querubines al oriente del huerto.

   4. Todas las respuestas son correctas.

9. *¿Por qué puso Dios a los querubines y la espada encendida al oriente del huerto? (3:24)*

   1. Porque tenía miedo

   2. Para guardar el camino del árbol de la vida

   3. Para que podaran los árboles allí

   4. Todas las respuestas son correctas.

10. *Completen este versículo: "Y creó Dios al hombre a su imagen, a imagen de Dios lo creó..." (Génesis 1:27)*

    1. "... varón y hembra los creó".

    2. "... y después creó a la mujer".

    3. "... hembra y varón fueron creados iguales".

    4. "... y entonces Dios reposó".

Génesis 4:1-16, 25-26

1. *¿En qué orden nacieron los tres hijos de Adán y Eva? (4:1-2, 25)*
   1. **Abel, Set y Caín**
   2. Caín, Abel y Set
   3. Abel, Caín y Set
   4. Ninguna de las respuestas es correcta.

2. *¿Qué trajo Caín como ofrenda? (4:3)*
   1. Lo más gordo de los primogénitos de sus ovejas
   2. La ofrenda de su hermano
   3. **Del fruto de la tierra**
   4. Todas las respuestas son correctas.

3. *¿Qué trajo Abel como ofrenda? (4:4)*
   1. **Lo más gordo de los primogénitos de sus ovejas**
   2. Del fruto de la tierra
   3. A su hermano
   4. Todas las respuestas son correctas.

4. *¿La ofrenda de quién miró Jehová con agrado? (4:4-5)*
   1. La ofrenda de Caín
   2. **La ofrenda de Abel**
   3. Ambas ofrendas
   4. Ninguna de las ofrendas

5. *¿Qué dijo Jehová acerca del pecado que estaba a la puerta de Caín? (4:7)*
   1. El pecado no sería problema para Caín.
   2. El pecado ya se había enseñoreado de Caín.
   3. **El pecado deseaba a Caín pero Caín debía enseñorearse de él.**
   4. Todas las respuestas son correctas.

6. *¿Qué dijo Caín cuando Jehová le preguntó dónde estaba Abel? (4:9)*
   1. "Está en el campo con las ovejas".
   2. "Está con nuestros padres".
   3. "Está conmigo en el huerto".
   4. **"No sé. ¿Soy yo acaso guarda de mi hermano?"**

7. *¿Cómo castigó Jehová a Caín por matar a Abel? (4:11-12)*
   1. **Dios lo echó de su hogar y la tierra no le daría su fuerza.**
   2. Jehová no protegió a Caín de los que querían herirlo.
   3. Caín nunca estaría cerca de otras personas.
   4. Todas las respuestas son correctas.

8. *¿Qué dijo Caín a Jehová después que recibió su castigo? (4:13)*
   1. "Gracias por tener misericordia de mí".
   2. "No fue mi intención matar a mi hermano".
   3. **"Grande es mi castigo para ser soportado".**
   4. "No aceptaré este castigo".

9. *¿Qué le pasaría a cualquiera que matara a Caín? (4:15)*
   1. Nada
   2. **Esa persona sería castigada siete veces.**
   3. Jehová bendeciría a esa persona.
   4. Esa persona sería castigada diez veces.

10. *Completen este versículo: "Si no hicieres bien, el pecado está a la puerta; con todo esto, a ti será su deseo, ..." (Génesis 4:7b)*
    1. "... así que permíteselo".
    2. "... pero tú debes confiar en Jehová".
    3. **"... y tú te enseñorearás de él".**
    4. "... así que haz lo que quieras".

Génesis 6:5–7:16.

1. *¿Cómo eran las personas durante la vida de Noé? (6:5)*

   1. Amaban y adoraban a Dios.
   2. **Eran malvadas y sus pensamientos eran** solamente el mal.
   3. Todas labraban la tierra.
   4. La Biblia no lo dice.

2. *¿Cómo describe la Biblia a Noé? (6:9)*

   1. Justo
   2. Perfecto
   3. Caminó con Dios.
   4. **Todas las respuestas son correctas.**

3. *¿Cómo se llamaban los hijos de Noé? (6:10)*

   1. Sem, Caín, Jacob
   2. **Cam, Sem, Jafet**
   3. Jafet, Josué, Jacob
   4. Todas las respuestas son correctas.

4. *¿Cómo destruyó Jehová la tierra? (6:17)*

   1. Con hambruna
   2. Con un terremoto
   3. **Con diluvio de aguas**
   4. Con huracanes

5. *¿Quiénes entraron en el arca? (6:18)*

   1. Los hijos de Noé y sus mujeres
   2. Noé
   3. La mujer de Noé
   4. **Todas las respuestas son correctas.**

6. *¿Qué hizo Noé después que Dios le dio las instrucciones para construir el arca? (7:5)*

   1. Noé se rió y no hizo nada.
   2. **Noé hizo todo lo que le mandó Jehová.**
   3. Noé ordenó a sus hijos que hicieran el trabajo.
   4. Noé pidió más información.

7. *¿Cuántos años tenía Noé cuando entró en el arca? (7:6)*

   1. **600 años de edad**
   2. 500 años de edad
   3. 400 años de edad
   4. 300 años de edad

8. *¿Qué entró en el arca con Noé y su familia? (7:13-15)*

   1. Todos los animales silvestres y los domesticados
   2. Todas las aves
   3. Dos de toda carne en que había espíritu de vida
   4. **Todas las respuestas son correctas.**

9. *¿Quién le cerró la puerta a Noé en el arca? (7:16)*

   1. **Jehová**
   2. Noé
   3. La gente del tiempo de Noé
   4. Los hijos de Noé

10. *Completen este versículo: "Noé, varón justo, era perfecto en sus generaciones; ..." (Génesis 6:9b)*

    1. "… con agrado hizo todo lo que Dios le mandó".
    2. "… en él no había pecado".
    3. **"… con Dios caminó Noé".**
    4. "… él construyó un arca".

Génesis 7:17–8:22

1. *¿Qué sucedió durante el diluvio? (7:17-23)*
   1. Las aguas subieron 15 codos sobre los montes.
   2. Murieron todos los seres vivientes que estaban fuera del arca.
   3. Llovió por cuarenta días y noches.
   4. **Todas las respuestas son correctas.**

2. *¿Cómo disminuyeron las aguas? (8:1)*
   1. **Dios hizo pasar un viento sobre la tierra.**
   2. El sol hizo que toda el agua se evaporara.
   3. La tierra se tragó el agua.
   4. La Biblia no lo dice.

3. *¿Cuándo reposó el arca sobre los montes de Ararat? (8:4)*
   1. **El día diecisiete del séptimo mes**
   2. El séptimo día del mes diecisiete
   3. El segundo día del mes diecisiete
   4. El séptimo día del segundo mes

4. *Después que dejó de llover, ¿cuál ave envió Noé primero? (8:6-7)*
   1. Un loro
   2. Un búho
   3. Una paloma
   4. **Un cuervo**

5. *¿Cómo supo Noé que las aguas se habían retirado de sobre la tierra? (8:11)*
   1. **La paloma volvió trayendo una hoja de olivo.**
   2. La paloma no volvió.
   3. El cuervo volvió trayendo una hoja.
   4. Dios dijo a Noé que las aguas se habían retirado.

6. *¿Cuándo vio Noé por primera vez que la faz de la tierra estaba seca? (8:13)*
   1. Cuando abrió la puerta del arca
   2. **Cuando quitó la cubierta del arca**
   3. Cuando las patas del cuervo no tenían barro
   4. Cuando ya no se filtraba agua en el arca

7. *¿Cómo supo Noé cuándo salir del arca? (8:15-16)*
   1. La luz del sol empezó a calentar el arca.
   2. Las aves estaban inquietas.
   3. Los animales empezaron a atacarse unos a otros.
   4. **Dios le dijo a Noé que saliera del arca.**

8. *¿Qué hizo Noé cuando salió del arca? (8:20)*
   1. Buscó nuevas casas para los animales.
   2. Construyó casas para los animales.
   3. **Edificó un altar y ofreció holocaustos a Jehová.**
   4. Todas las respuestas son correctas.

9. *¿Qué dijo Jehová que no volvería a hacer jamás? (8:21)*
   1. Permitir que la gente se volviera malvada
   2. Castigar a la gente por su pecado
   3. **Maldecir la tierra por causa del hombre y destruir todo ser viviente**
   4. Todas las respuestas son correctas.

10. *Completen este versículo: "Mientras la tierra permanezca, no cesarán la sementera y la siega, el frío y el calor, el verano y el invierno, …" (Génesis 8:22).*
    1. "… y yo alabaré al Señor".
    2. **"… y el día y la noche".**
    3. "… cada estación tiene su tiempo".
    4. "… también eso permanecerá".

Génesis 9:1-20, 28-29

1. Cuando Noé y sus hijos salieron del arca, ¿qué les dijo Dios que debían hacer? (9:1)

    1. Usen la madera del arca para construir sus casas.
    2. Fructificad y multiplicaos, y llenad la tierra.
    3. Cuiden de los animales.
    4. Siembren y cosechen.

2. ¿Qué fue diferente en cuanto a la tierra y sus habitantes después del diluvio? (9:2-5)

    1. Los animales fueron alimento para la gente.
    2. Los animales temían a la gente.
    3. Dios demandaría la sangre de la gente y los animales.
    4. Todas las respuestas son correctas.

3. ¿Con quiénes estableció Dios el pacto? (9:9-10)

    1. Noé
    2. Los descendientes de Noé
    3. Todos los animales del arca
    4. Todas las respuestas son correctas.

4. ¿Cuál fue el pacto que estableció Dios? (9:11)

    1. Nunca más castigaría a la gente por su pecado.
    2. Nunca más permitiría que la gente fuese malvada.
    3. Nunca más exterminaría toda vida y la tierra con un diluvio.
    4. Nunca más enviaría un arco iris sobre la tierra.

5. ¿Quiénes se beneficiarían con el pacto? (9:12)

    1. Todo ser viviente por siglos perpetuos
    2. Sólo una generación
    3. Sólo los descendientes de Cam
    4. Sólo los descendientes de Sem

6. ¿Cuál fue la señal del pacto? (9:13)

    1. Los Diez Mandamientos
    2. Los tres hijos de Noé
    3. Un holocausto
    4. Un arco iris en las nubes

7. ¿Cómo se llamaban los hijos de Noé? (9:18)

    1. Sem, Josué y Moisés
    2. Sem, Cam y Jafet
    3. Cam, Jafet y Samuel
    4. Abraham, Isaac y Jacob

8. ¿De quiénes fue llena la tierra después del diluvio? (9:19)

    1. Adán
    2. Eva
    3. Sem, Cam y Jafet
    4. Las hijas de Noé

9. ¿Cuántos años tenía Noé cuando murió? (9:29)

    1. 350 años
    2. 150 años
    3. 950 años
    4. 600 años

10. Completen este versículo: "Mi arco he puesto en las nubes, el cual será por señal del pacto entre..." (Génesis 9:13).

    1. "... mí y la tierra".
    2. "... mí y los animales".
    3. "... mí y sus descendientes".
    4. "... mí y Noé".

Génesis 12:1-9; 13:5-18

1. *¿Qué pidió Jehová que hiciera Abram? (12:1)*
   1. Irse de su tierra y su parentela
   2. Irse de la casa de su padre
   3. Ir a la tierra que Jehová le mostraría
   4. Todas las respuestas son correctas.

2. *¿De quién dijo Jehová que haría una gran nación? (12:1-2)*
   1. Lot
   2. Noé
   3. Abram
   4. Adán

3. *¿Qué le dijo Jehová a Abram en Siquem? (12:6-7)*
   1. "Esta es la tierra de Lot".
   2. "A tu descendencia daré esta tierra".
   3. "Esta no es tu tierra. Sigue viajando".
   4. "Pelearás contra los cananeos".

4. **¿Por qué hubo contienda entre los pastores de Lot y los de Abram? (13:6-7)**
   1. Se cansaron de viajar juntos.
   2. Los pastores de Lot robaban a los pastores de Abram.
   3. La tierra no era suficiente para que vivieran juntos.
   4. Todas las respuestas son correctas.

5. *¿Cuál fue la solución de Abram para la contienda? (13:8-9)*
   1. Los dos hombres se apartarían uno del otro.
   2. Lot volvería a Harán.
   3. Sólo uno de ellos tendría rebaños y ganado.
   4. Todas las respuestas son correctas.

6. *¿A dónde se trasladaron Lot y su familia? (13:10-13)*
   1. A la llanura del río Jordán
   2. Cerca de la ciudad de Sodoma
   3. Cerca de hombres malos y pecadores
   4. Todas las respuestas son correctas.

7. *¿Qué dijo Dios acerca de la tierra que vio Abram? (13:15)*
   1. Abram podría tener la mitad de esa tierra.
   2. Lot escogió la mejor tierra.
   3. Abram y su descendencia tendrían toda la tierra.
   4. Todas las respuestas son correctas.

8. *¿Con qué comparó Dios a la descendencia de Abram? (13:16)*
   1. El polvo de la tierra
   2. Los granos de arena
   3. Los cabellos de su cabeza
   4. Los segundos que hay en un día

9. *¿Qué dijo Dios que debía hacer Abram en la tierra que le daría? (13:17)*
   1. Construir una ciudad
   2. Plantar un huerto
   3. Examinarla cuidadosamente
   4. Ir a lo largo y ancho de la tierra

10. *Completen este versículo: "Por la fe Abraham, siendo llamado, obedeció para salir al lugar que había de recibir como herencia..." (Hebreos 11:8).*
    1. "... y salió sin saber a dónde iba".
    2. "... y decidió ir unos años después".
    3. "... y siguió a su sobrino Lot".
    4. "... pero después desobedeció y no siguió a Dios".

Génesis 15:1-21

1. ¿Cuál fue la palabra de Jehová que Abram oyó en una visión? (15:1)
   1. "No temas".
   2. "Yo soy tu escudo".
   3. "Tu galardón será sobremanera grande".
   4. Todas las respuestas son correctas.

2. ¿Por qué Abram pensaba que su heredero sería Eliezer? (15:2-3)
   1. Jehová le dijo a Abram que Eliezer sería su heredero.
   2. Abram no tenía hijo.
   3. Abram tuvo una visión de Eliezer como su heredero.
   4. Eliezer era hijo de Abram.

3. ¿Quién era Eliezer? (15:2-3)
   1. El primogénito de Abram
   2. El sobrino de Abram
   3. El mayordomo de la casa de Abram
   4. El hijo de un vecino

4. ¿Cómo qué dijo Jehová a Abram que sería su descendencia? (15:5)
   1. Las estrellas
   2. Granos de arroz
   3. Los cielos
   4. La arena en un reloj de arena

5. ¿Cómo respondió Abram a la promesa de Jehová de que le daría descendencia? (15:6)
   1. Abram dudó de Jehová.
   2. Abram cuestionó a Jehová.
   3. Abram creyó a Jehová.
   4. Abram se regocijó en Jehová.

6. ¿Qué sucedería a los descendientes de Abram en el nuevo país? (15:13)
   1. Morarían en tierra ajena.
   2. Serían esclavos.
   3. Serían oprimidos.
   4. Todas las respuestas son correctas.

7. Cuando sobrecogió el sueño a Abram, ¿qué dijo Jehová que le sucedería a Abram? (15:15)
   1. Sería esclavo.
   2. Nunca tendría hijo.
   3. Moriría en paz y en buena vejez.
   4. Nunca tomaría posesión de la tierra.

8. ¿Qué apareció cuando ya había oscurecido? (15:17)
   1. Una nube de lluvia
   2. Un horno humeando y una antorcha de fuego
   3. Un ángel
   4. Las mitades de los animales

9. ¿Cuándo hizo pacto Dios con Abram? (15:12, 17-18)
   1. El día que sobrecogió el sueño a Abram y Jehová le habló de su descendencia
   2. El día que Abram llegó a Canaán
   3. Cuando Eliezer llegó a ser su mayordomo
   4. Todas las respuestas son correctas.

10. Completen este versículo: "No temas, Abram; yo soy tu escudo..." (Génesis 15:1b).
    1. "... y tu protector".
    2. "... que te ayudará".
    3. "... y tu galardón será sobremanera grande".
    4. "... y tu espada".

Génesis 21:1-6; 22:1-18

1. *¿Cómo cumplió Dios su promesa a Abraham y Sara? (21:1-2)*
   1. Sara tuvo un hijo.
   2. El hijo nació en el tiempo que Dios había dicho.
   3. El hijo le nació a Abraham en su vejez.
   4. **Todas las respuestas son correctas.**

2. *¿Por qué Abraham circuncidó a Isaac cuando éste tenía ocho días de nacido? (21:3-4)*
   1. **Dios lo mandó como parte de su pacto con Abraham.**
   2. Sara quiso que lo hiciera.
   3. Ismael quiso que lo hiciera.
   4. Era una ley de la gente de Beerseba.

3. *¿Cuántos años tenía Abraham cuando nació Isaac? (21:5)*
   1. **100 años**
   2. 90 años
   3. 99 años
   4. 110 años

4. *Después que nació Isaac, ¿qué dijo Sara que Dios le había hecho hacer? (21:6)*
   1. Sentir tristeza
   2. Regocijarse
   3. **Reír**
   4. Llorar

5. *¿Por qué fue Abraham a la tierra de Moriah? (22:2)*
   1. Para hacer un trato con los cananeos
   2. Para trasladar sus tiendas
   3. **Para ofrecer a Isaac en holocausto**
   4. Todas las respuestas son correctas.

6. *¿Cuánto tiempo esperó Abraham para obedecer a Dios? (22:3)*
   1. **Fue muy de mañana el día siguiente.**
   2. Esperó un mes.
   3. Nunca hizo lo que Dios le pidió.
   4. Esperó hasta que el clima estuviese mejor.

7. *Según Abraham, ¿quién proveería el cordero para el holocausto? (22:8)*
   1. Abraham
   2. Isaac
   3. Los siervos
   4. **Dios**

8. *¿Qué hizo Abraham cuando llegó al lugar para el holocausto? (22:9)*
   1. Puso una tienda y vivió allí por una semana.
   2. **Edificó un altar y puso a Isaac en él.**
   3. Preguntó a Jehová qué debía hacer después.
   4. Sacrificó el carnero que había llevado.

9. *¿Por qué la descendencia de Abraham sería multiplicada como las estrellas del cielo? (22:12, 16-18)*
   1. Él no rehusó a su único hijo.
   2. Él obedeció a Dios.
   3. Él temió a Dios.
   4. **Todas las respuestas son correctas.**

10. *Completen este versículo: "Por cuanto has hecho esto, y no me has rehusado tu hijo, tu único hijo; ..." (Génesis 22:16b-17a).*
    1. **"... de cierto te bendeciré".**
    2. "... vivirás mucho tiempo en la tierra que te prometí".
    3. "... serás castigado".
    4. "... te daré otro hijo".

Génesis 24:1-4, 10-21, 28-33, 50-54, 61-67

1. *¿Cómo había bendecido Jehová a Abraham? (24:1)*
   1. Con mucho dinero
   2. **En todo**
   3. En muchas formas
   4. Con todo lo que deseaba

2. *¿Por qué era importante el lugar donde el criado debía tomar mujer para Isaac? (24:3-4)*
   1. Isaac quería casarse con una cananea y Abraham no quería que eso sucediera.
   2. Isaac no entendía el idioma de los cananeos.
   3. Abraham quería para Isaac una mujer de **su tierra, no de los cananeos.**
   4. No era importante. El criado podía escoger de cualquier lugar.

3. *¿Por qué el criado oró en el pozo de Nacor? (24:12)*
   1. La primera joven que encontró no era la que buscaba.
   2. **Necesitaba pedir a Dios que lo ayudara a tener un buen encuentro.**
   3. Estaba desanimado y quería regresar a su casa.
   4. Todas las respuestas son correctas.

4. *¿Cómo supo el criado que su viaje había tenido buen resultado? (24:14, 18-19)*
   1. Rebeca le dijo que un ángel la había enviado al pozo.
   2. **Rebeca le dio agua a él y a sus camellos,** tal como él había orado.
   3. Dios le dio una visión de la apariencia de ella.
   4. Todas las respuestas son correctas.

5. *¿Qué ocurrió en la casa de Rebeca y Labán? (24:32-33)*
   1. Dieron agua al criado para que se lavaran los pies él y sus hombres.
   2. Dieron paja y forraje a los camellos.
   3. El criado les dijo por qué estaba allí.

   4. **Todas las respuestas son correctas.**

6. *Según Labán y Betuel, ¿de quién salió el encuentro del criado con Rebeca? (24:50)*
   1. Isaac
   2. Abraham
   3. **Jehová**
   4. Rebeca

7. *¿Qué hizo el criado de Abraham cuando oyó lo que Labán y Betuel dijeron? (24:52)*
   1. **Se inclinó en tierra ante Jehová.**
   2. Ofreció sacrificio a Jehová.
   3. Celebró con una gran fiesta.
   4. Hizo alarde de su gran logro.

8. *¿Qué sucedió después que Rebeca vio a Isaac? (24:65-67)*
   1. Se cubrió con el velo.
   2. El criado le dijo a Isaac todo lo que había hecho.
   3. Isaac se casó con Rebeca.
   4. **Todas las respuestas son correctas.**

9. *¿Cuándo consoló Rebeca a Isaac? (24:67)*
   1. **Después de la muerte de la madre de Isaac**
   2. Cuando él vio a Rebeca sobre el camello
   3. Después que nació su primer hijo
   4. Cuando ella aceptó ir con el criado

10. *Completen este versículo: "Te haré entender, y te enseñaré el camino en que debes andar; ..." (Salmos 32:8).*
   1. "... yo te cuidaré".
   2. "... yo te daré sabiduría".
   3. **"... sobre ti fijaré mis ojos".**
   4. "... te proveeré lo que necesites".

Génesis 25:5-11, 19-34

1. ¿Qué sucedió después que murió Abraham?
   (25:5-11)
   1. Ismael e Isaac lo sepultaron.
   2. Sus hijos lo sepultaron con Sara.
   3. Dios bendijo a Isaac.
   4. Todas las respuestas son correctas.

2. ¿Con quién se casó Isaac? (25:20)
   1. Agar
   2. Sara
   3. Rebeca
   4. Cetura

3. ¿Cuántos años habían estado casados Isaac y
   Rebeca cuando ella tuvo mellizos? (25:20, 26)
   1. 10 años
   2. 20 años
   3. 2 años
   4. 5 años

4. ¿Qué dijo Jehová acerca de las dos naciones en el
   seno de Rebeca? (25:23)
   1. El menor servirá al mayor.
   2. Siempre estarán juntos.
   3. El mayor servirá al menor.
   4. Todas las respuestas son correctas.

5. ¿Por qué Isaac y Rebeca le pusieron el nombre de
   Esaú a su hijo mayor? (25:25)
   1. Era diestro en la caza.
   2. Era rubio y velludo.
   3. Era hombre del campo.
   4. Tenía hambre.

6. ¿Qué sentían Isaac y Rebeca hacia sus hijos?
   (25:28)
   1. Amaban a sus dos hijos por igual.
   2. Ambos amaban más a Jacob.
   3. Isaac amaba a Jacob. Rebeca amaba a Esaú.
   4. Isaac amaba a Esaú. Rebeca amaba a Jacob.

7. ¿En qué eran diferentes Esaú y Jacob? (25:27-28)
   **1. Esaú era hombre del campo y Jacob habitaba
   en tiendas.**
   2. Esaú cocinaba y Jacob cazaba.
   3. Esaú era varón quieto y Jacob era diestro en
   la caza.
   4. Todas las respuestas son correctas.

8. ¿Por qué Esaú vendió su primogenitura a Jacob?
   (25:30-33)
   1. Esaú no se dio cuenta de que la vendió.
   2. Tenía hambre.
   3. Jacob le prometió que se la devolvería.
   4. La Biblia no lo dice.

9. ¿Qué menospreció Esaú? (25:34)
   1. A su madre
   2. A su padre
   3. Su primogenitura
   4. El guiso que le dio su hermano

10. Completen este versículo: "Aun el muchacho es
    conocido por sus hechos, si..." (Proverbios 20:11)
    1. "... obedece o desobedece a sus padres".
    2. "... su conducta fuere limpia y recta".
    3. "... él sigue a Dios o no".
    4. "... pelea con otros o no".

Génesis 27:1-41

1. ¿Por qué Isaac envió a Esaú al campo? (27:3)
   1. Para cuidar de las cabras
   2. Para cazar
   3. Para buscar un lugar donde vivir
   4. Para bendecir a Jacob mientras Esaú no estuviese

2. ¿Qué instrucciones dio Isaac a Esaú? (27:2-4)
   1. "Toma ahora tus armas".
   2. "Tráeme caza".
   3. "Hazme un guisado como a mí me gusta".
   4. Todas las respuestas son correctas.

3. ¿Qué planeaba hacer Isaac a Esaú? (27:4)
   1. Darle comida
   2. Bendecirlo
   3. Darle tierras
   4. Darle 100 cabras

4. ¿Qué dijo Jacob cuando Rebeca le pidió que le sirviera el guisado a Isaac? (27:12)
   1. "No engañaré a mi padre".
   2. "Me tendrá por burlador".
   3. "Madre, este es un plan deshonesto".
   4. "Esaú se quedará sin nada".

5. Cuando Jacob temió que Isaac lo maldijese, ¿qué dijo Rebeca? (27:13)
   1. "Sea sobre mí tu maldición".
   2. "Tu padre no te maldecirá".
   3. "Tu padre maldecirá a Esaú".
   4. Ella no dijo nada.

6. ¿Cómo engañaron Rebeca y Jacob a Isaac? (27:14-17)
   1. Rebeca hizo guisados para Isaac.
   2. Jacob usó pieles de cabritos y la ropa de Esaú.
   3. Jacob sirvió los guisados que Rebeca hizo.
   4. Todas las respuestas son correctas.

7. ¿Qué hizo Isaac cuando olió la ropa de Esaú que Jacob tenía puesta? (27:27)
   1. Maldijo a Jacob.
   2. Bendijo a Jacob.
   3. Le dijo a Esaú lo que hizo Jacob.
   4. Mandó llamar a Esaú.

8. ¿Qué hizo Esaú cuando volvió de cazar? (27:30-31)
   1. Le pidió a Jacob que cocinara los guisados.
   2. Le dijo a Isaac que él y Jacob debían compartir la bendición.
   3. Hizo guisados y los trajo a su padre.
   4. Todas las respuestas son correctas.

9. ¿Qué pasó cuando Isaac y Esaú se dieron cuenta de lo que había hecho Jacob? (27:33- 34, 41)
   1. Isaac se estremeció grandemente.
   2. Esaú clamó con una exclamación muy grande y muy amarga.
   3. Esaú planeó matar a Jacob.
   4. Todas las respuestas son correctas.

10. Completen este versículo: "¿Quién es el hombre que desea vida, que desea muchos días para ver el bien? Guarda tu lengua del mal..." (Salmos 34:12-13).
    1. "... y tus labios de hablar engaño".
    2. "... y tu mente de pecar".
    3. "... y a tu familia del peligro".
    4. "... y tus manos de hacer el mal".

Génesis 28:10-22; 29:14b-30

1. ¿Qué le sucedió a Jacob en el camino a Harán? (28:10-13)
   1. Se enfermó.
   2. Esaú lo persiguió hasta el desierto.
   3. **Jehová se le apareció en un sueño.**
   4. Rebeca fue con Jacob a Harán.

2. ¿Qué vio Jacob en su sueño? (28:12-13)
   1. Una escalera apoyada en tierra
   2. Ángeles que subían y descendían por la escalera
   3. Jehová estaba en lo alto de la escalera
   4. **Todas las respuestas son correctas.**

3. ¿Qué dijo Jehová que haría por Jacob? (28:15)
   1. Nunca permitiría que sufriera peligro.
   2. **Lo guardaría dondequiera que fuere.**
   3. Mataría a todos sus enemigos.
   4. Le daría dos esposas.

4. ¿Qué dijo Jacob acerca de su sueño? (28:16- 17)
   1. "Ciertamente Jehová está en este lugar".
   2. "¡Cuán terrible es este lugar!"
   3. "Esta es puerta del cielo".
   4. **Todas las respuestas son correctas.**

5. ¿Qué nombre dio Jacob al lugar donde Jehová le habló en un sueño? (28:19)
   1. **Bet-el**
   2. Luz
   3. Harán
   4. Beerseba

6. ¿Con quién pensaba casarse Jacob? (29:20)
   1. Bilha
   2. Lea
   3. **Raquel**
   4. Zilpa

7. ¿A quién dio Labán a Lea como sierva? (29:24)
   1. Raquel
   2. Bilha
   3. Rebeca
   4. **Zilpa**

8. ¿Cómo engañó Labán a Jacob? (29:23, 25)
   1. No le pagó a Jacob.
   2. **Le dio a Lea en vez de darle a Raquel.**
   3. Le dijo a Esaú dónde estaba Jacob.
   4. Todas las respuestas son correctas.

9. **¿Cuánto tiempo trabajó Jacob antes de casarse con Raquel? (29:20, 27)**
   1. 7 años
   2. 21 años
   3. 7 meses
   4. **14 años**

10. Completen este versículo: "Yo soy el Dios de Abraham tu padre; no temas..." (Génesis 26:24b).
    1. **"... porque yo estoy contigo".**
    2. "... porque no estoy enojado contigo".
    3. "... porque nunca te dejaré".
    4. "... porque pronto me iré".

Génesis 37:1-36

1. ¿Dónde habitaba Jacob? (37:1)
   1. Siquem
   2. Harán
   3. Bet-el
   4. **Canaán**

2. ¿Por qué Jacob amaba a José más que a todos sus hijos? (37:3)
   1. José era hijo de Lea.
   2. **Jacob tuvo a José en su vejez.**
   3. José era el hijo que Dios le había prometido a Jacob.
   4. Todas las respuestas son correctas.

3. ¿Qué hizo José que causó que sus hermanos lo aborrecieran y envidiaran? (37:5-11)
   1. Mintió acerca de sus sueños.
   2. Llegó a ser el hijo con más riquezas.
   3. **Les contó un sueño en el que los manojos de ellos se inclinaban ante el manojo de él.**
   4. Todas las respuestas son correctas.

4. ¿Por qué Jacob envió a José a Siquem? (37:14)
   1. **Para ver cómo estaban sus hermanos y las ovejas**
   2. Para comprar trigo
   3. Para encontrar a los ismaelitas
   4. Para vender una tierra

5. ¿Qué planearon hacerle los hermanos a José? (37:20)
   1. Matarlo
   2. Echarlo en una cisterna
   3. Decir que una mala bestia lo devoró
   4. **Todas las respuestas son correctas.**

6. ¿Quién sugirió que los hermanos vendiesen a José a los mercaderes ismaelitas? (37:26-27)
   1. Rubén
   2. **Judá**
   3. Aser
   4. Zabulón

7. ¿Qué le hicieron a José sus hermanos? (37:28)
   1. Lo mataron.
   2. Lo dejaron en la cisterna.
   3. **Lo vendieron a los madianitas mercaderes por 20 piezas de plata.**
   4. Lo llevaron a la casa con ellos.

8. ¿Qué dijo Rubén cuando supo que habían vendido a José a los madianitas? (37:30)
   1. **"¿A dónde iré yo?"**
   2. "¿Mataron ustedes a José?"
   3. "¿Cuánto dinero ganaron al venderlo?"
   4. "No derramen sangre".

9. ¿Cómo reaccionó Jacob al recibir la noticia sobre José? (37:33-35)
   1. Creyó que una mala bestia devoró a José.
   2. No quiso recibir consuelo de su familia.
   3. Dijo que descendería al Seol enlutado.
   4. **Todas las respuestas son correctas.**

10. Completen este versículo: "Cercano está Jehová a los quebrantados de corazón..." (Salmos 34:18).
    1. "... y consuela a los que sufren".
    2. "... y bendice a los que creen en Él".
    3. **"...y salva a los contritos de espíritu".**
    4. "... y da paz a los que la necesitan".

Génesis 40:1-23

1. ¿A quién fueron encargados el copero y el panadero en la cárcel? (40:4)
   1. Al capitán de la guardia
   2. A Faraón
   3. A José
   4. Todas las respuestas son correctas.

2. ¿Por qué el copero y el panadero tenían mal semblante en la cárcel? (40:7-8)
   1. José les duplicó la cantidad de trabajo.
   2. Tuvieron sueños y nadie podía interpretarlos.
   3. El capitán de la guardia les dio malas noticias.
   4. Todas las respuestas son correctas.

3. Según José, ¿de quién son las interpretaciones? (40:8)
   1. Faraón
   2. José
   3. Dios
   4. Los magos

4. ¿Qué sucedió después que el jefe de los coperos vio una vid con tres sarmientos? (40:9-11)
   1. Los sarmientos se secaron pero las uvas aún crecían.
   2. Crecieron uvas sólo en un sarmiento.
   3. Cada sarmiento tenía uvas pero no había copa para ellas.
   4. Maduraron sus racimos de uvas y él las exprimía en la copa de Faraón.

5. ¿Qué pidió José que el jefe de los coperos hiciera por él? (40:14)
   1. Que se acordara de él
   2. Que usara misericordia con él
   3. Que lo mencionara a Faraón
   4. Todas las respuestas son correctas.

6. ¿Qué hizo José para merecer ser puesto en la cárcel? (40:15)
   1. Mató a una persona.
   2. Nada. Era inocente.
   3. Hizo algo muy malo.
   4. Desobedeció una ley.

7. ¿Qué significaba el sueño del jefe de los panaderos? (40:18-19)
   1. En tres días Faraón mataría al jefe de los panaderos.
   2. Cada canasta representaba un año en la cárcel.
   3. El jefe de los panaderos nunca saldría de la cárcel.
   4. En tres días Faraón perdonaría al jefe de los panaderos.

8. ¿Qué ocurrió al tercer día? (40:20-22)
   1. Faraón hizo banquete por su cumpleaños.
   2. Faraón hizo volver a su oficio al jefe de los coperos.
   3. Faraón hizo matar al jefe de los panaderos.
   4. Todas las respuestas son correctas.

9. ¿Qué le ocurrió a José? (40:23)
   1. El jefe de los panaderos le olvidó.
   2. El jefe de los coperos le olvidó.
   3. Murió en la cárcel.
   4. Sus hermanos fueron a rescatarlo.

10. Completen este versículo: "[Porque] Jehová da la sabiduría, y de su boca viene..." (Proverbios 2:6).
    1. "... el conocimiento y la inteligencia".
    2. "... la palabra llena de bondad".
    3. "... un mensaje de apoyo".
    4. "... la comprensión y la bendición".

Génesis 41:1-57

1. ¿Por qué estaba agitado el espíritu de Faraón? (41:2-8)
   1. Egipto había declarado la guerra a un enemigo.
   2. **Faraón tuvo dos sueños que sus magos** no pudieron interpretar.
   3. Faraón no podía dormir.
   4. Faraón escuchó un informe malo sobre un oficial.

2. ¿A quiénes mandó llamar Faraón para interpretar sus sueños? (41:8)
   1. **Los magos y sabios**
   2. Los sacerdotes
   3. Los doctores
   4. El copero

3. ¿Por qué Faraón mandó llamar a José? (41:9- 14)
   1. El capitán de la guardia le habló de José a Faraón.
   2. El mago pidió que llamaran a José.
   3. **El copero se acordó de José.**
   4. Dios le habló a Faraón acerca de José.

4. ¿Qué le dijo Faraón a José cuando José fue ante él? (41:14-15)
   1. "Ayuda a los sabios con mi sueño".
   2. "¡Tú eres un preso! No puedes ayudarme".
   3. "Si te equivocas, volverás a la cárcel".
   4. **"He oído de ti, que oyes sueños para in**terpretarlos".

5. ¿Qué le dijo José a Faraón después de oír sus sueños? (41:25, 32)
   1. "Dios ha mostrado a Faraón lo que va a hacer".
   2. "El sueño de Faraón es uno mismo".
   3. "Dios se apresura a hacerla".
   4. **Todas las respuestas son correctas.**

6. ¿Qué le sucedió a José? (41:41, 45, 50)
   1. Faraón lo puso sobre toda la tierra de Egipto.
   2. Recibió una esposa.
   3. Tuvo dos hijos.
   4. **Todas las respuestas son correctas.**

7. ¿Quién fue la esposa de José? (41:45)
   1. Rebeca
   2. Zilpa
   3. **Asenat**
   4. Bilha

8. ¿Qué pasó después de los siete años de abundancia? (41:53-54)
   1. Hubo hambre sólo en Egipto.
   2. **Comenzó el hambre como José había dicho.**
   3. El hambre duró siete meses.
   4. Todas las respuestas son correctas.

9. ¿Qué dijo Faraón a los que clamaban por pan? (41:55)
   1. "No tenemos más trigo".
   2. "Yo no les daré trigo".
   3. "Tomen esto y cómanlo".
   4. **"Id a José, y haced lo que él os dijere".**

10. Completen este versículo: "No está en mí; Dios será el que..." (Génesis 41:16).
    1. "... dé más sueños a Faraón".
    2. **"... dé respuesta propicia a Faraón".**
    3. "... me diga qué decir".
    4. "... podrá hacer todas las cosas".

Génesis 42:1-38

1. ¿Qué ocurrió debido al hambre en Canaán? (42:3-5)
   1. La gente de Canaán iba a Egipto a comprar trigo.
   2. Jacob envió a 10 de sus hijos a Egipto.
   3. Jacob no envió a Benjamín con sus hermanos.
   4. **Todas las respuestas son correctas.**

2. ¿Qué pasó cuando los hermanos llegaron a Egipto? (42:7-9)
   1. José no quiso venderles trigo.
   2. **José les dijo que eran espías.**
   3. José no quiso verlos.
   4. Ya no había trigo.

3. ¿Qué hizo José después que sus hermanos dijeron que eran hombres honrados? (42:11-17)
   1. Les hizo preguntas engañosas para probarlos.
   2. Los envió de regreso a su casa inmediatamente.
   3. **Los puso en la cárcel por tres días.**
   4. Los obligó a demostrar que eran pastores.

4. ¿Qué pasó con los hermanos de José después de estar tres días en la cárcel? (42:24)
   1. Los 10 hermanos volvieron a Canaán.
   2. Rubén fue esclavo en la casa de José.
   3. Jacob vino a Egipto para sacarlos de la cárcel.
   4. **Nueve hermanos volvieron a su casa, pero uno se quedó en Egipto.**

5. ¿A cuál hermano tomó José y lo aprisionó a vista de los otros? (42:24)
   1. Rubén
   2. Benjamín
   3. **Simeón**
   4. Leví

6. ¿Qué órdenes dio José cuando los hermanos debían partir? (42:25)
   1. Llenar sus sacos de trigo
   2. Devolver el dinero de cada uno poniéndolo en su saco
   3. Darles comida para el camino
   4. **Todas las respuestas son correctas.**

7. Cuando los hermanos llegaron a la tierra de Canaán, ¿qué le dijeron a Jacob? (42:29)
   1. Nada
   2. Simeón ha muerto.
   3. **Todo lo que les había acontecido**
   4. Que se perdieron en el camino

8. ¿De qué trató de convencer Rubén a Jacob? (42:36-37)
   1. **Que permitiera a Benjamín ir con ellos a Egipto**
   2. Que enviara más dinero para comprar trigo
   3. Que fuera también a Egipto
   4. Todas las respuestas son correctas.

9. ¿Qué hizo Jacob después que Rubén trató de convencerle para que dejase a Benjamín ir a Egipto? (42:38)
   1. Dijo que Benjamín era el único hijo de Raquel que quedaba con vida.
   2. Dijo que si algo le acontecía a Benjamín, moriría con dolor.
   3. No permitió que Benjamín fuese.
   4. **Todas las respuestas son correctas.**

10. Completen este versículo: "He aquí, yo estoy contigo, y te guardaré por dondequiera que fueres, y volveré a traerte a esta tierra; porque no te dejaré hasta que haya hecho..." (Génesis 28:15).
    1. **"... lo que te he dicho".**
    2. "... cosas milagrosas".
    3. "... todo lo que necesites".
    4. "... todo esto y mucho más".

Génesis 43:1-15, 23b-32; 44:1-18, 33-34.

1. ¿Por qué los hermanos volvieron a Egipto? (43:1-2)
   1. Tenían un plan para rescatar a Simeón.
   2. **El hambre aún era grande y la familia se acabó todo el trigo.**
   3. Necesitaban trabajo.
   4. Todas las respuestas son correctas.

2. ¿Cuál hermano prometió que volvería a traer a Benjamín?
   1. Simeón
   2. Rubén
   3. **Judá**
   4. Leví

3. ¿Qué llevaron los hermanos para regalarle a José? (43:11)
   1. Nueces
   2. Mirra
   3. Un poco de miel
   4. **Todas las respuestas son correctas.**

4. ¿Qué dijo Israel acerca del viaje de sus hijos? (43:14)
   1. Esperaba que Dios Omnipotente les diera misericordia.
   2. Esperaba que soltaran a Simeón.
   3. Esperaba que soltaran también a Benjamín.
   4. **Todas las respuestas son correctas.**

5. ¿A dónde fueron los hermanos para prepararse para la llegada de José? (43:24)
   1. Al palacio de Faraón
   2. A la cárcel
   3. **A la casa de José**
   4. A un lugar donde se almacenaba trigo

6. ¿Qué quiso saber José? (43:27)
   1. **Si el padre de ellos vivía todavía**
   2. Si habían devuelto el dinero que estaba en sus costales
   3. Si sus siervos les habían entregado a Simeón
   4. Todas las respuestas son correctas.

7. ¿Qué conmovió a José? (43:30)
   1. Ver a Simeón fuera de la cárcel
   2. Los regalos y el dinero que los hermanos le dieron
   3. Ver a sus hermanos inclinados ante él
   4. **Ver a su hermano Benjamín**

8. ¿Qué dijeron los hermanos cuando el mayordomo de José los alcanzó? (44:7)
   1. "¿Por qué nos seguiste?"
   2. **"Nunca tal hagan tus siervos".**
   3. "Nosotros no tomamos nada".
   4. "¿Dónde está tu señor?"

9. ¿Por qué los hermanos se postraron delante de José? (44:14-16)
   1. Temían que serían hechos siervos.
   2. No habían robado la copa de José.
   3. No querían que Benjamín fuese hecho siervo.
   4. **Todas las respuestas son correctas.**

10. Completen este versículo: "Antes sed benignos unos con otros, misericordiosos, perdonándoos unos a otros..." (Efesios 4:32).
    1. "... con paciencia y amor".
    2. "... cada vez que alguien lo pida".
    3. **"... como Dios también os perdonó a vosotros en Cristo".**
    4. "... y viviendo en Cristo".

Génesis 45:1–46:7

1. ¿Cómo se dio a conocer José a sus hermanos? (45:1-3)
   1. Dijo: "¡Me las pagarán por lo que me hicieron!"
   2. Dijo: "¡Yo soy José y ustedes serán mis siervos!"
   3. **Hizo salir a todos y dijo a sus hermanos: "Yo soy José".**
   4. Todas las respuestas son correctas.

2. ¿Cuántos años de hambre quedaban? (45:6, 11)
   1. **Cinco**
   2. Dos
   3. Diez
   4. Siete

3. Según José, ¿quién lo envió a Egipto? (45:8)
   1. Sus hermanos
   2. Los ismaelitas
   3. Los madianitas
   4. **Dios**

4. ¿De qué debían hablar los hermanos al padre de José? (45:13)
   1. Del banquete que disfrutaron en Egipto
   2. De los alimentos que los hermanos cultivaron en Egipto
   3. **De toda la gloria de José en Egipto y todo lo que habían visto**
   4. Las noticias acerca de la nueva familia de José

5. ¿Cómo reaccionó José al ver a Benjamín? (45:14)
   1. Lo saludó dándole la mano.
   2. **Se echó sobre el cuello de Benjamín y lloró.**
   3. No de dio cuenta de que era Benjamín.
   4. Estaba feliz y le habló por medio de un intérprete.

6. ¿Cómo reaccionó Faraón a la noticia de que los hermanos de José habían venido? (45:16-20)
   1. Le agradó.
   2. Le dijo a José que trajera a su familia a Egipto.
   3. Les ofreció las mejores tierras de Egipto.
   4. **Todas las respuestas son correctas.**

7. ¿Cómo supo Jacob que sus hijos habían dicho la verdad acerca de José? (45:27-28)
   1. José llegó con ellos.
   2. Nunca estuvo seguro pero confió en ellos.
   3. **Escuchó lo que le contaron y vio los carros que José envió.**
   4. No les creyó pero decidió comprobarlo en persona.

8. ¿Qué le dijo Dios a Israel en Beerseba? (46:1-4)
   1. "No temas".
   2. "Haré de ti una gran nación".
   3. "Yo descenderé contigo a Egipto".
   4. **Todas las respuestas son correctas.**

9. ¿A quiénes trajo Jacob consigo a Egipto? (46:7)
   1. A sus mejores siervos
   2. **A toda su descendencia**
   3. A su esposa y sus hijos
   4. A nadie

10. Completen este versículo: "[Y] Dios me envió delante de vosotros, para preservaros posteridad sobre la tierra, y para daros vida por medio de..." (Génesis 45:7).
    1. **"... gran liberación".**
    2. "... un sacrificio".
    3. "... un milagro".
    4. "... una ayuda".

Génesis 46:28-32; 50:14-26

1. ¿A quién envió Jacob con un mensaje para José? (46:28)

   1. Judá

   2. Rubén

   3. Benjamín

   4. Dan

2. ¿Qué hizo José cuando Jacob iba a llegar a Gosén? (46:29)

   1. Unció su carro.

   2. Fue a Gosén para recibir a su padre.

   3. Se echó sobre el cuello de su padre y lloró largamente.

   4. Todas las respuestas son correctas.

3. ¿Qué le dijo José a Faraón? (46:31-32)

   1. "Mi familia no es bien recibida aquí".

   2. "Nosotros adoramos al único Dios verdadero".

   3. "Los hombres son pastores de ovejas, porque son hombres ganaderos".

   4. "Mi familia no se quedará por mucho tiempo".

4. ¿Qué sucedió después que José y sus hermanos sepultaron a su padre? (50:14-15)

   1. Los hermanos temieron que José les diera **el pago por todo el mal que le hicieron.**

   2. José obligó a sus hermanos a irse de Gosén.

   3. Los hermanos sabían que José los había perdonado.

   4. Los hermanos ocuparon cargos oficiales.

5. ¿Cómo reaccionó José cuando sus hermanos le dijeron que ellos eran sus siervos? (50:18-21)

   1. Aceptó hacerlos sus siervos.

   2. Les dijo que no temieran; él sustentaría a sus familias.

   3. Dijo que demostraran que estaban realmente arrepentidos.

   4. Todas las respuestas son correctas.

6. ¿Qué dijo José que Dios haría por sus hermanos? (50:24)

   1. Dios los visitaría y los sacaría de Egipto.

   2. Ayudaría a los hermanos a ser líderes en Egipto.

   3. Escogería a Manasés para dirigir a la familia.

   4. Todas las respuestas son correctas.

7. ¿A quién juró Dios dar la tierra? (50:24)

   1. Abraham

   2. Isaac

   3. Jacob

   4. Todas las respuestas son correctas.

8. ¿Qué hizo jurar José a los hijos de Israel? (50:25)

   1. Que dirían a Faraón que ellos cuidarían su ganado

   2. Que contarían a sus hijos todo lo que había sucedido

   3. Que se llevarían sus huesos de Egipto

   4. Que siempre vivirían en Gosén

9. ¿Cuántos años tenía José cuando murió? (50:26)

   1. 110 años

   2. 115 años

   3. 120 años

   4. 125 años

10. Completen este versículo: "Mas Dios ciertamente os visitará, y os hará subir de esta tierra a..." (Génesis 50:24b).

    1. "... una tierra nueva que apartó para ustedes".

    2. "... la tierra que juró a Abraham, a Isaac y a Jacob".

    3. "... una tierra que fluye leche y miel".

    4. "... su país natal".

Tabla de Puntaje

Instrucciones: En el nivel inicial de MEBI se usan 15 preguntas, en el avanzado se usan 20 preguntas. Lee las reglas y apégate a ellas.

Nombres: Vuelta 1	1	2	3	4	5	6	7	8	9	10	11	12	13	14	15	16	17	18	19	20	Total
Puntos adicionales del equipo																					

Puntaje total del equipo

Nombres: Vuelta 1	1	2	3	4	5	6	7	8	9	10	11	12	13	14	15	16	17	18	19	20	Total
Puntos adicionales del equipo																					

Puntaje total del equipo

Nombres: Vuelta 1	1	2	3	4	5	6	7	8	9	10	11	12	13	14	15	16	17	18	19	20	Total
Puntos adicionales del equipo																					

Puntaje total del equipo

IGLESIA DEL NAZARENO

OTORGA EL PRESENTE DIPLOMA A:

POR HABER CONCLUIDO EL ESTUDIO BÍBLICO PARA NIÑOS

Génesis

"NO TEMAS; YO SOY TU ESCUDO,
Y TU GALARDÓN SERÁ SOBREMANERA GRANDE."
GÉNESIS 15:1B

PASTOR/A   COACH